RUSSELL SIMMONS
MIT CHRIS MORROW

ERFOLG
DURCH
STILLE

W0056787

RUSSELL SIMMONS
MIT CHRIS MORROW

ERFOLG
DURCH
STILLE

GESUND, KREATIV
UND ERFOLGREICH MIT
KURZMEDITATIONEN

Aus dem amerikanischen Englisch übersetzt
von Ulrike Kretschmer

IRISIANA

MIX
Papier aus verantwor-
tungsvollen Quellen
FSC® C083411

Verlagsgruppe Random House FSC® N001967

© 2014 by Russell Simmons
1. Auflage
© 2017 der deutschsprachigen Ausgabe by Irisiana Verlag,
einem Unternehmen der Verlagsgruppe Random House GmbH,
Neumarkter Straße 28, 81673 München
Projektleitung: Sven Beier
Satz: Leingärtner, Nabburg
Umschlaggestaltung: Geviert, Grafik & Typografie
Druck und Bindung: CPI books GmbH, Leck
Printed in Germany
ISBN: 978-3-424-15305-7

Meinen beiden Töchtern
Ming Lee und Aoki Lee
gewidmet.

Mit besonderer Widmung
an ihre Mutter Kimora Lee,
die meinen letzten beiden Büchern
einen Titel gegeben hat,
als ich mir nicht sicher war,
wie ich sie nennen sollte.

INHALT

TEIL EINS

Warum meditieren?

KAPITEL 1

DER PFAD ZUM GLÜCK

*Zweck und Erfüllung des Lebens
ist das Erleben von Glück.*

MAHARISHI MAHESH YOGI

Warum sollten Sie meditieren? Die Antwort auf diese Frage ist ganz einfach: um glücklich zu sein.

Was der einzige Grund ist, warum Sie hier sind.

Das mag wie eine allzu simple Herangehensweise an den Sinn des Lebens klingen, doch ich glaube von ganzem Herzen daran.

Ja, ich bin mir absolut sicher: Könnten wir unsere Egos, Begierden, Ängste und Unsicherheiten abstreifen, würde einzig das Glücklichsein übrig bleiben.

Es gibt Tage, an denen wir diese Wahrheit beinahe mit Händen greifen können. Dann wachen wir auf, und die Sonne scheint ein wenig heller, die Vögel singen ein wenig lauter und wir gehen mit Schwung, Elan und einem fröhlichen Herzen in die Welt hinaus.

Es gibt andererseits aber auch Tage, an denen wir angesichts dessen, was uns erwartet, nervös und unsicher sind. Dann kann es draußen 26 Grad warm und sonnig sein, wir haben trotzdem das Gefühl, uns in einer kalten, dunklen Welt zu bewegen.

Zweck dieses Buches ist es, Ihnen zu zeigen, dass Sie wählen können, in welcher der beiden Welten Sie leben wollen. Sie können beschließen, dass in Ihrer Welt immer die Sonne scheint – egal, was um Sie herum geschieht.

Sie können sich aber auch dafür entscheiden, dass Ihre Welt immer ein kalter, dunkler Ort sein wird.

Der Punkt ist, dass diese Entscheidung nicht die externe Welt trifft, sondern *Sie*.

Natürlich würden die meisten Menschen eine Welt voller Sonnenschein vorziehen. Sie wissen nur nicht, wie sie dorthin gelangen können.

Ich weiß, wie: Meditation kann Sie in diese Welt bringen. 20 Minuten lang still dazusitzen kann Schmerz, Frust und Unsicherheit, die Ihr Dasein negativ beeinflusst haben, fortschwemmen und es Ihnen ermöglichen, zum Zustand des Glücklichseins – Ihr Geburtsrecht – zurückzukehren.

Der Pfad, den ich Ihnen in diesem Buch aufzeige, stellt den kürzesten Weg zwischen Ihrem jetzigen Zustand und jenem des Glücklichseins dar. Ich werde Sie dabei auf keinerlei Umwege führen, auch wenn diese hin und wieder landschaftlich reizvoll sein mögen. Nein, dieses Buch ist eine einfache und direkte Anleitung, wie Sie das Werkzeug der Meditation nutzen können, um das Beste aus Ihrem Leben zu machen – geschrieben mit der Kompetenz eines Verfassers, der genau dieses Werkzeug seit 15 Jahren für sich selbst nutzt, jeden Tag.

Das Buch ist deshalb so einfach und direkt gehalten, weil es dazu beitragen will, die Meditation zu entmystifizieren. Es will mit irrigen Vorstellungen oder möglichem Unbehagen aufräumen, das Sie dieser uralten Praktik gegenüber vielleicht empfinden, und Ihnen dabei helfen, sie als wertvolles und auch heute noch überaus wichtiges Instrument anzusehen. Allein die Tatsache, dass Sie diese Worte jetzt lesen, zeugt davon, dass Sie zumindest neugierig auf die Methode sind; möglicherweise gibt es aber noch etwas, das Sie davon abhält, sie auszuprobieren. Vielleicht haben Sie das vage Gefühl, der Meditation hafte etwas »Fremdartiges« oder »Mystisches« oder – schlimmer noch – etwas »Ketzerisches«, »Unchristliches«, »Gottloses« an. Vielleicht sind Sie skeptisch, ob die Methode auch »funktioniert«. Oder – und darüber muss ich immer lachen – Sie glauben zwar daran, dass es Ihnen helfen könnte zu meditieren, haben im Moment aber einfach »keine Zeit« dafür.

Ich werde im Laufe des Buches auf diese und weitere Missverständnisse eingehen, möchte aber gleich zu Beginn eines klarstellen: Die Meditation hat absolut nichts »Fremdartiges« an sich. Tatsächlich ist sie etablierter, als Sie vielleicht denken. Oprah Winfrey. Jerry Seinfeld. Paul McCartney. Ellen DeGeneres. Forest Whitaker. Von all diesen Menschen haben Sie bestimmt schon einmal gehört; ihr Erfolg hat Millionen anderer Menschen inspiriert. Sie alle meditieren und erachten die Meditation als eine der Grundlagen ihres Erfolgs. Ich werde Ihnen ihre Gedanken zur Meditation und die zahlreicher anderer führender Persönlichkeiten auf dem Gebiet der Kunst, des Geschäftslebens, der Bildung und Erziehung, der Wissenschaft und der Spiritualität in den folgenden Kapiteln näherbringen. Denn ich möchte Ihnen klarmachen, dass Sie sich als jemand, der Meditation praktiziert, einer Gemeinschaft äußerst erfolgreicher Menschen anschließen. Einer Gemeinschaft von Menschen, die sich unter ihren Bedingungen durch das Leben bewegen und ihr Potenzial vergrößern.

Dazu gleich ein Beispiel: Vor Kurzem traf ich auf einer Party auf Dwyane Wade und Chris Bosh, die für die Miami Heat der NBA, der National Basketball Association, spielen. Die Party gaben Dwyane und Gabrielle Union in Malibu. Die Heats hatten gerade ihre zweite Meisterschaft in Folge gewonnen, und als ich Dwyane und Chris deswegen gratulierte, kamen wir so ins Gespräch und unterhielten uns über verschiedene Praktiken, die sie nutzen könnten, um energiegeladen und konzentriert zu bleiben. Ich erzählte ihnen davon, wie mir die Meditation in meiner bisherigen Karriere immer genau dabei geholfen hatte, und schlug vor, dass sie es selbst ausprobieren sollten.

»Das solltet ihr wirklich, denn ob es euch nun bewusst ist oder nicht: Ihr habt die Art von Konzentration und Stille, die mit der Meditation einhergeht, bereits kennengelernt«, erklärte ich ihnen. »Wenn ihr zum Beispiel raus aufs Spielfeld geht, in eine Art Flow kommt und das Gefühl habt, der Korb ist riesig, wie ein Ozean. Ihr könnt ihn einfach nicht verfehlen! Wenn ihr meditiert, seid ihr auch außerhalb des Spielfelds im Flow. Stellt euch nur mal vor: Ihr lebt euer ganzes Leben in diesem tollen Zustand der Konzentration, geht quasi im Leben selbst auf!«

Sie waren beide unglaublich fasziniert. »Alles was wir tun, dreht sich darum, noch präziser und konzentrierter zu sein, wenn wir aufs Spielfeld rausgehen«, erwiderte Dwyane. »Wäre super, wenn wir uns selbst in diesen Zustand bringen könnten. Und du meinst wirklich, die Meditation kann uns dabei helfen?«

»Lasst es mich so erklären«, entgegnete ich. »Der chinesische Philosoph Laozi hat einmal gesagt: ›Dem Geist, der still ist, ergibt sich das ganze Universum.‹ Die Meditation macht den Geist still und ruhig. Völlig. Und wenn sogar das ganze Universum vor einem stillen Geist kapituliert, was würde dann erst eine gegnerische Mannschaft tun? Die legt sich wahrscheinlich gleich vor euch hin!«

Sie lachten und fragten mich, wie sie am besten damit anfangen sollten. Also gab ich ihnen den Kontakt von Bob Roth, einem engen Freund von mir, der auch mein Meditationslehrer ist und die Methode nun bereits seit über 40 Jahren lehrt. Zu seinen Schülern gehören auch einige der Menschen, die ich vorhin erwähnt habe, etwa Oprah Winfrey und Ellen DeGeneres. Ich werde Dwyane und Chris aber auf jeden Fall ein Exemplar dieses Buches schicken, falls sie es nicht geschafft haben, sich mit Bob in Verbindung zu setzen.

Gespräche wie diese und viele, viele andere, die ich mit der Zeit geführt habe, haben mich dazu bewogen, dieses Buch zu schreiben. Es ist zwar wunderbar, wenn die Meditation Dwyane Wade zu einem noch besseren Basketballspieler macht, aber noch wunderbarer, wenn ich das Wissen, das ich mir mit den Jahren angeeignet habe, mit anderen teilen kann. Ich würde Laozis Botschaft gern allen sagen, die sie hören wollen: Dem Geist, der still ist, ergibt sich das ganze Universum.

Die Meditation ist sowohl das einfachste als auch das effektivste Mittel, das uns zur Verfügung steht, um unseren aufgewühlten Geist zur Ruhe zu bringen.

Es ist nicht unwahrscheinlich, dass Sie dieses Buch zur Hand genommen haben, weil Sie an dem Erfolg teilhaben möchten, den ich auf meinem Gebiet, Dwyane auf seinem und Oprah auf ihrem hatte. Und auch hierzu kann ich im Brustton der Überzeugung sagen: Die Meditation ist das wirkungsvollste Instrument, das Sie einsetzen können, um selbst erfolgreich zu sein.

Doch abgesehen davon, dass die Meditation Ihrer Karriere auf die Sprünge helfen kann, hat sie noch viele andere Vorzüge, die Ihre Lebensqualität steigern werden: Sie baut Stress ab, sie verbessert die Gesundheit, insbesondere die des Nervensystems, sie fördert eine gesunde und ausgewogene Ernährung und erhöht die Konzentration.

Und das sind nur einige der handfesteren Vorteile. Darüber hinaus fördert die Meditation den inneren Frieden, das Mitgefühl und die Balance in Ihrem Leben. Das hört sich zunächst vielleicht nach eher vagen oder unnötigen Dingen an, und möglicherweise denken Sie jetzt: »Okay, bring mir einfach bei, wie ich erfolgreicher und gesünder sein kann, das reicht mir schon.« Doch wenn ich mich nicht auch für die eben genannten Dinge einsetzen würde, würde ich wirklich nur Ihre Zeit verschwenden.

Sicher können Sie die Meditation auch dazu nutzen, mehr Geld zu verdienen, beruflich voranzukommen oder sogar gesünder zu werden, doch ohne Frieden und Mitgefühl in Ihrem Leben wären Sie persönlich keinen Schritt weiter als zu dem Zeitpunkt, an dem Sie dieses Buch das erste Mal zur Hand genommen haben.

Das Konzept, nachhaltiges, langfristiges Glück jenseits des rein materiellen Erfolgs zu finden, steht auch hinter meinem letzten Buch *Super Rich: A Guide to Having It All*. Ich möchte es Ihnen ans Herz legen, wenn ich nun Ihre Neugier geweckt habe.

Einer der Gründe, warum ich das Buch, das Sie gerade in Händen halten, geschrieben habe, war tatsächlich der, dass mir nach *Super Rich* so viele Menschen erzählten, das Kapitel über Meditation habe ihr Leben verändert. Dass sie erstmals ihre Gedanken und Gefühle kontrollieren konnten, anstatt lediglich auf sie zu reagieren. Statt ziellos und unsicher durch ihr Leben zu irrlichtern, gewannen sie durch Meditation Zuversicht und Selbstvertrauen.

Das kenne ich. Seit ich vor 15 Jahren zu meditieren begann, habe ich es jeden Tag getan. Wo auch immer ich bin und was auch immer in meinem Terminkalender steht – ich stürze mich niemals ins Leben, ohne vorher nicht 20 Minuten meditiert zu haben. Ich habe es nach dem Aufstehen mit Kaffee, mit Essen, sogar mit Drogen probiert, doch nichts versetzt mich in die Geisteshaltung, in die mich die Meditation versetzt.

Deshalb will ich jetzt aufhören, ein Loblied auf die Meditation zu singen, und mich stattdessen der Aufgabe widmen, Ihnen zu zeigen, wie das Meditieren geht.

Ich werde Ihnen auf dem direktesten und schnellsten Weg zeigen, wie 20 Minuten Stille, zweimal am Tag, nicht nur die Beziehung zu Ihnen selbst, sondern auch die Beziehung zu Ihrer Umwelt radikal verändern können.

Doch gedulden Sie sich bitte noch einen Augenblick, auch wenn Sie das Gefühl haben, bereit zu sein, und es kaum mehr erwarten können. Dieses Buch ist kurz, und ich habe versucht, alles außen vor zu lassen, das Ihren Weg zu dieser wunderschönen und einfachen Methode unnötigerweise behindern könnte. Dennoch ist es wichtig, dass Sie um die Wirkungen der Meditation wissen. Sie mögen begierig darauf sein, sofort loszulegen, aber ich sage Ihnen, dass die Meditation auch eine Herausforderung darstellt. 20 Minuten zweimal am Tag hören sich im Moment vielleicht nicht nach viel an, doch wenn Sie morgens außerdem noch mit dem Hund Gassi gehen, das Essen für die Kinder vorbereiten und sie zur Schule bringen, sich selbst für die Arbeit fertig machen müssen oder einfach noch etwas verkatert vom Abend zuvor sind, sind 20 Minuten auf einmal eine lange Zeit. Ebenso wie abends, wenn Sie außerdem noch die Kinder vom Basketballtraining abholen, E-Mails beantworten, Rechnungen bezahlen, kochen oder etwas für morgen vorbereiten müssen.

Aus diesem Grund sollten Sie sich mit den Vorzügen der Meditation gut vertraut machen. Dann nämlich werden Sie die 20 Minuten morgens und abends nie mehr missen wollen, egal, wie sehr die Welt um Sie herum Sie auch ablenken will. Wie hektisch sich Ihr Leben auch anfühlen mag und wie viele dringende Dinge auch immer auf Ihrer To-do-Liste stehen mögen, Sie wissen, dass das Beste, das Sie im Augenblick tun können, dies ist: einfach still zu sein.

KAPITEL 2

MEIN WEG
ZUR MEDITATION

Lange bevor man mich als Musikmogul oder den »Paten des Hip-Hop« betitelte, nannten meine Freunde und meine Familie in Hollis, Queens, mich Rush, »eilig«. Wie das Spitznamen so an sich haben, trug ich ihn zu Recht, denn damals konnte ich mich nicht länger als ein paar Minuten am Stück auf eine Sache konzentrieren.

Jedenfalls nicht in der Schule. Oder sonntags in der Kirche. Oder bei einem Job. Auf ein hübsches Mädchen, ja, vielleicht, doch schon bald lief ich der Nächsten hinterher, die auf dem Gang in der Schule oder auf der Straße an mir vorbeigegangen war.

Alles, was ich tat – gehen, reden, essen, sogar schlafen –, tat ich in Eile.

Würde ich heute in Hollis aufwachsen, hätte man mir zweifelsohne längst die Diagnose »schwerer Fall von Aufmerksamkeitsdefizit-Hyperaktivitätsstörung« gestellt und mich auf eine doppelte Dosis Ritalin gesetzt. Zum Glück hielt man mich damals lediglich für ein bisschen »ungestüm«.

Ich wäre auf den Straßen von Queens in den Siebzigern beinahe in ernsthafte Schwierigkeiten geraten. Melle Mel hätte in seinem frühen Hip-Hop-Hit »The Message« auch von mir und meinen Freunden reden können, als er rappte: »Die Buchmacher und Geldeintreiber, die Gangster, Zuhälter und Dealer und die, die das große Geld machen … ihr wollt genau wie sie werden.«

Doch letztlich habe ich mit dieser Art von Leben nur heftig geflirtet, zu mehr ist es nicht gekommen. Manchmal habe ich die Gangster und Dealer schon bewundert, aber ich hatte immer auch das Gefühl, dass da draußen noch etwas Besseres auf mich wartet. Und als ich ein Teenager wurde und so viele meiner Freunde in die Falle der Kleinkriminalität, der Gangs und der Drogenabhängigkeit tappen sah, sagte ich mir: Mein Weg soll ein anderer sein.

Er hat mich zum Hip-Hop geführt. Damals schien er für die meisten Leute eine Sackgasse zu sein, für mich aber war er das perfekte Ventil, um all dem, was da Aufregendes auf den Straßen von New York geschah, Ausdruck zu verleihen. Immer allerdings auf positive Art und Weise, nicht verletzend oder destruktiv.

Keine Angst, ich werde jetzt nicht alle meine Erfolge aus dieser Zeit aufzählen. Wenn Sie dieses Buch in die Hand genommen haben, wissen Sie vermutlich schon ein bisschen was über Kurtis Blow, Run-DMC, LL Cool J, die Beastie Boys, Public Enemy und Def Jam Recordings – und wenn nicht, dann geben Sie die Namen doch mal bei YouTube ein und machen Sie sich auf richtig gute Musik gefasst!

Belassen wir es dabei, dass ich bei meiner Arbeit mit diesen MCs und anderen unglaublich talentierten Künstlern meinen Teil weltlichen Erfolgs abbekommen habe. In den darauffolgenden Jahren kamen dann noch die Bereiche Mode, Film, Finanzen und mittlerweile hauptsächlich karitatives und soziales Engagement hinzu.

Am schönsten ist es, dass ich eine Brücke zwischen der Kultur des Hip-Hop und dem Mainstream bauen konnte. Meine Arbeit hat mir immer ungeheuren Spaß gemacht, und ich schätze mich glücklich, dass ich sie tun durfte.

Die Ironie an der Sache ist jedoch, dass ich jahrelang keine Ahnung hatte, was meinen Erfolg ausmachte. Als ich jung war, dachte ich, der »Schlüssel meines Erfolgs« seien Drogen, Partys, Frauen und die Jagd nach Geld, wohin auch immer sie mich führen mochten. Schließlich war das das Leben, das ich lebte, und man sagte mir immer wieder, wie toll ich meine Sache machte, also musste dazwischen doch eine Verbindung bestehen, oder etwa nicht?

Ich wusste es damals nicht, doch rückblickend ist mir klar, dass nichts weiter von der Wahrheit hätte entfernt sein können. Die Inspiration, die mich zum Vorreiter in Sachen Hip-Hop machte, schöpfte ich nicht daraus, in einer Limousine durch die Gegend kutschiert zu werden, sondern aus dem ruhigen Moment im Studio, wenn ich am finalen Mix von Run-DMCs »Rock Box« arbeitete und das Bedürfnis verspürte, das Gefühl dabei mit der ganzen Welt zu teilen.

Ebenso wie die Inspiration, die mir zu meinem Modelabel Phat Farm verholfen hat, nicht daraus entstand, umgeben von Models in irgendeinem Club herumzukoksen, sondern aus dem Gefühl des Friedens und der Ruhe, das mich beim Betrachten der wunderschönen Entwürfe für eine neue Jacke überkam. Diese seltenen Momente der Stille, nicht das chaotische Leben, das ich führte, bildeten die Grundlage meines Glücks sowie meines Erfolgs.

Heute weiß ich mit absoluter Sicherheit, dass ich unter die Räder gekommen wäre, hätte ich weiterhin geglaubt, Hektik, Lärm und Chaos seien das, was mich antreibt. Wären meine Platten nicht mehr »heiß« oder meine Klamotten nicht mehr »cool« gewesen – was in diesen Branchen früher oder später immer der Fall ist –, hätte ich mir gedacht: Hmmmm. Ich brauche einen neuen großen Hit. Am besten gehe ich erst mal auf ein paar Partys und zieh mir ein bisschen Stoff rein. Doch mehr Partys und mehr Drogen hätten mich keinen Deut erfolgreicher gemacht. Oder zufriedener. Oder kreativer. Mein Leben wäre sicherlich anders verlaufen, wären die Partys und Drogen meiner Arbeit oder meiner Konzentration in die Quere gekommen. Ich hätte als Drogenabhängiger oder geistloser Party Boy geendet. Was ich damals für Inspiration hielt, war im Grunde nichts anderes als Lärm. Und hätte ich mir den weiter in den Kopf gestopft, wäre ich immer weniger dazu in der Lage gewesen, die stillen Momente zu hören, die ich eigentlich so dringend brauchte. Ich hätte mich weiter auf das, was ich für den Gipfel des Berges und des Ruhms hielt, hinaufgequält, doch in Wirklichkeit hätte ich mich dadurch nur an den Rand eines tiefen Abgrunds gebracht.

Zum Glück bin ich nie abgestürzt. Trotz des unverantwortlichen Lebens, das ich führte, bin ich nie ausgebrannt wie so viele andere, mit denen ich damals unterwegs war. Ich musste nicht erst meinen Job oder mein Haus verlieren oder eine Entziehungskur machen, um zu erkennen, dass ich auf der Jagd nach den falschen Dingen gewesen war. Stattdessen drosselte ich das Tempo und machte mir bewusst, dass mein Erfolg immer in diesen Momenten der Stille gelegen hatte. Und je mehr ich in diese Stille kommen konnte, desto glücklicher und erfolgreicher war ich.

Ganz ehrlich: Ohne diese Stille wäre ich heute nicht dort, wo ich jetzt bin. Nicht nur beruflich, sondern auch persönlich und spirituell. Nach über 30 Jahren in der Unterhaltungsbranche freue ich mich morgens immer noch so sehr auf die Arbeit wie an dem Tag, als ich gemeinsam mit Rick Rubin Def Jam Recordings aus der Taufe hob. Was auch immer morgen auf der Agenda steht: Ich bin deswegen ebenso aufgeregt wie damals, als Run-DMC ihren Auftritt bei Live Aid hatten, als Public Enemy *It Takes a Nation of Millions to Hold Us Back* herausbrachten oder als Jay Z am Soundtrack von *Der verrückte*

Professor mitwirkte und sich die ganze Welt spontan in ihn verliebte. Ich staune immer wieder darüber, dass ich mich mit fast 60 immer noch so energiegeladen und konzentriert fühle wie in meinen Zwanzigern und Dreißigern.

Was aber noch wichtiger ist: Ich wache auch jeden Morgen in dem Wissen auf, dass ich mich an einem wunderbaren Ort befinde, mit den Menschen um mich herum, die mir am nächsten stehen: meinen wunderschönen Töchtern Ming Lee und Aoki, ihrer Mutter Kimora Lee und meinen Brüdern Danny und Joey. Es ist ein gewaltiger Trost zu wissen, dass nichts an der Liebe zu meiner Familie etwas ändern kann, welche kleineren Meinungsverschiedenheiten, Unstimmigkeiten oder Rückschläge der Tag auch immer für mich bereithalten mag. Dies ist sicherlich tröstlicher als jede goldene Schallplatte an meiner Wand oder als jeder noch so schnittige Wagen in meiner Garage. Ich bin Tag für Tag aufs Neue dankbar, dass ich aus dieser Stille heraus agieren kann.

Ich will aber auch nicht verschweigen, dass es eine Weile gedauert hat, bis ich dort war, wo ich jetzt bin. Jahre, um genau zu sein. Ich musste erst einigen Schaden anrichten, bevor ich mir eingestehen konnte, dass mir die Meditation am frühen Morgen besser gefällt als das Trinken am späten Abend. Doch nachdem ich das einmal erkannt hatte, gab es kein Zurück mehr.

DIE YOGA-CONNECTION

Mein erster Schritt weg vom Partyleben führte mich direkt in ein Yogastudio. Wie ich schon oft gesagt habe, war meine ursprüngliche Motivation, an einer Yogastunde teilzunehmen, nicht die, in meine spirituelle Mitte zu finden oder meine Gelenke gelenkiger zu machen. Nein, ich dachte, ein Yogastudio sei ein prima Ort, um tolle Frauen kennenzulernen. Und Mann – das ist es auch!

Obwohl es also tatsächlich tolle Frauen waren, die mich hineinlockten, war es doch etwas völlig anderes, das mich dort hielt. Während ich auf meiner Yogamatte saß und mich schlicht und ergreifend auf meinen Atem konzentrierte, ließ die Hektik in meinem verrückten und oft so außer Kontrolle geratenen Leben allmählich nach. Plötzlich schienen all die Sorgen und belastenden Dinge, die meinen Tag bis dahin aufgefressen hatten, gar nicht mehr so dringend und drängend.

Ich konnte fast körperlich spüren, wie der ganze Lärm aus meinem Kopf wich, wie die Luft aus einem Luftballon. Ich sah meine Gedanken ganz langsam in meinen Kopf hochsteigen und ihn ebenso langsam wieder verlassen, statt sie wie früher wie einen Schnellzug durchrauschen zu sehen. Das war toll!

Mittlerweile kann ich es toll nennen, doch um ehrlich zu sein, machte mir diese Stille am Anfang große Angst. Schließlich war ich »Rush«, der Kerl, der mit Überschallgeschwindigkeit sprach und stets ein Handy am Ohr kleben hatte – und zwar lange bevor jeder so rumlief! Der Kerl, dessen Mission es war, immer mehr Geld zu verdienen, mit immer mehr Frauen zu schlafen und mehr zu koksen als alle anderen Menschen auf Gottes weiter Erde. Und der mit diesem Leben schon sehr »erfolgreich« gewesen war.

So sah ich mich damals. Den friedlichen, ruhigen und absolut gelassenen Typen, der da mit dem blöden Grinsen im Gesicht auf seiner Yogamatte saß, kannte ich nicht. Der scherte sich einen Dreck um Partys, Geld oder materiellen Erfolg … Gut, an dem Teil mit den Frauen arbeite ich noch. Plötzlich schien meine Identität auf dem Spiel zu stehen. Schlimmer noch: mein Geld! Ich weiß noch, wie ich aus meiner ersten Yogastunde ging und zu meinem Freund Bobby Shriver sagte: »Wenn ich mit dem Mist weitermache, bin ich bestimmt bald pleite.«

Bobby und ich lachen heute noch darüber, denn wie ich schon sagte: Nichts hätte weiter von der Wahrheit entfernt sein können. Im Gegenteil. Ich verlor mein »goldenes Händchen« nicht; die Stille, die ich beim Yoga und später in der Meditation erfuhr, verlängerte und rettete meine Karriere eher.

Nach diesem anfänglichen Moment des Zweifelns wollte ich die Stille wieder und wieder erleben. Sie erinnerte mich daran, dass ich ein besserer Mensch sein konnte, ein besserer Freund, ein besserer Weltenbürger und ein besserer Geschäftsmann.

Schon bald ging ich jeden Tag zum Yoga, wenn ich es irgendwie in meinen Terminkalender quetschen konnte. (Heute ist das gar keine Frage mehr. Meine Assistenten tragen mir automatisch Zeit für meine Yogastunden ein, wo auch immer auf der Welt ich mich gerade befinde. Und die Leute, die mich wirklich gut kennen, wollen sich immer nach einer Yogastunde mit mir treffen, weil sie wissen, dass ich dann viel ruhiger und ausgeglichener bin.)

Die Stille im Yoga empfand ich damals als eine ungeheure Erleichterung, als eine Entlastung von meinem chaotischen Leben. Noch toller war, wie »high« ich mich nach der Stunde fühlte, wenn mein Körper und mein Geist in vollkommenem Einklang waren und vor Energie nur so vibrierten. Wenn es überhaupt etwas Negatives gab, dann dass ich manchmal nicht so lange »high« war, wie ich es gern gewesen wäre.

Ich nahm das Gefühl unendlichen Friedens und wohltuender Ruhe aus den Yogastunden mit – nur um gleich darauf festzustellen, dass eine »wichtige« Nachricht auf mich wartete, die keinen Aufschub duldete. Fünf Minuten später stritt ich mich schon wieder über Plattentantiemen oder wann meine neue Bekleidungslinie herauskommen sollte, und aus war es mit der Stille inmitten der Ablenkungen der Welt.

Manchmal war es auch nicht etwas so Dramatisches wie eine geschäftliche Auseinandersetzung. Oft ging ich absolut entspannt aus der Yogastunde, und plötzlich hupte ein Auto oder jemand warf eine Tür ins Schloss. Und puff! Die Stille war weg, und ich war wieder ganz mein altes, zerstreutes Selbst.

Deshalb sah ich mich wie viele andere, die die Stunde auf der Yogamatte lieben, nach Möglichkeiten um, die Stille zu verlängern. Nach Möglichkeiten, die Momente der Klarheit aus der Yogastunde mit in den Alltag zu nehmen.

Und genau diese Suche führte mich letztlich zur Meditation. Ich kann mich nicht daran erinnern, dass mich jemand Bestimmtes beiseitegenommen und mir geraten hätte zu meditieren; auch einen Aha-Moment, in dem mir klar geworden wäre, dass die Meditation mein Leben verändern würde, gab es meines Wissens nicht. Stattdessen bemerkte ich, dass viele der Menschen, die mit mir gemeinsam Yoga praktizierten, auch meditierten und beides sehr schätzten. Warum sollte ich es also nicht selbst einmal damit probieren?

Heute weiß ich, dass der Übergang vom Yoga zur Meditation ein ganz natürlicher ist, denn die beiden Methoden ähneln einander im Prinzip wie ein Ei dem anderen. Das ist vielleicht nicht auf den ersten Blick erkennbar. Wie kann etwas körperlich so Anstrengendes wie Yoga, bei dem man sich zu einer Brezel formen und einen Kopfstand machen muss, das Gleiche sein wie meditieren, bei dem man »einfach nur« still dasitzt?

Dennoch sind sowohl Yoga als auch Meditation beide Teil des sogenannten achtgliedrigen Pfades des klassischen Yoga. Trotz unterschiedlicher Erscheinungsformen sollen sowohl das *Dhyana*, die Meditation, als auch die *Asanas,* die körperlichen Stellungen, zum gleichen Ort führen: zur Stille im Herzen des Übenden.

Ich weiß, dass dies kein Yogabuch ist, trotzdem wollte ich diesen Punkt festhalten. Ich bin zwar begeistert, dass Yoga in den letzten 20 Jahren zu einem so wichtigen Bestandteil unserer

DER ACHTGLIEDRIGE PFAD DES YOGA

Yama: Allgemeine Moral
Niyama: Der Umgang mit sich selbst: Sauberkeit, Genügsamkeit, harte Arbeit, Engagement, Glaube, Konzentration, Studium heiliger Schriften
Asana: Körperstellungen, physische Ausübung des Yoga
Pranayama: Atemübungen, Kontrolle der Lebensenergie
Pratyahara: Kontrolle der Sinne
Dharana: Konzentration auf das Lebensziel
Dhyana: Meditation und Hingabe an das Göttliche
Samadhi: Vereinigung mit dem Göttlichen

westlichen Lebenskultur geworden ist, habe aber das Gefühl, dass nicht jeder das wahre Ziel dieser Praktik kennt.

Es geht beim Yoga nicht darum, abzunehmen oder definiertere Muskeln zu bekommen – auch wenn das wahrscheinlich passieren wird. Es geht auch nicht darum, wie ich mir immer wieder selbst sagen muss, dabei viele gut aussehende Menschen zu treffen – obwohl auch das wahrscheinlich passieren wird. Das einzige wahre Ziel des Yoga ist es, zu innerem Frieden zu gelangen.

Der große christliche Yogi Yogananda schrieb, die eigentliche Bedeutung des Wortes »Yoga« sei das Zur-Ruhe-Kommen des Auf und Ab des gepeinigten Geistes. Mit anderen Worten: Yoga bringt nicht in erster Linie unseren Körper in Form, sondern unseren Geist – es versetzt ihn in den Zustand der Ruhe.

Dieses Ziel verfolgt auch die Meditation. Doch anstatt einen Kopfstand zu machen, um zu Frieden zu gelangen, setzt man sich einfach auf einen Stuhl und schließt die Augen. Klingt schon etwas machbarer, stimmt's?

Wenn aber die Meditation eine so simple Möglichkeit ist, zu Frieden und Glück zu gelangen, warum verhalten sich dann so viele Menschen zögerlich dieser Praktik gegenüber?

Wohin man auch blickt: Immer mehr Menschen scheinen sich für Yoga zu interessieren. Ich sehe das als Segen für die Menschheit, wünschte aber, ebenso viele Menschen würden sich für die Meditation interessieren.

Ich denke, es liegt zum Teil daran, dass wir Menschen uns zu Gruppenaktivitäten hingezogen fühlen. So gern wir uns hin und wieder auch über andere beschweren, so wohl fühlen wir uns in einer Gruppe Gleichgesinnter. Es schenkt uns Selbstvertrauen und Mut, wenn andere das tun, was wir selbst gerne tun würden, es uns aus irgendeinem Grund aber nicht zutrauen.

Wenn wir also Tag für Tag glückliche Menschen mit einem Lächeln im Gesicht und einer Yogamatte unter dem Arm in ein Gebäude spazieren sehen, ist es nur eine Frage der Zeit, bevor wir neugierig werden und selbst sehen wollen, was dort vor sich geht. Wenn wir ständig Bilder von Gwyneth Paltrow oder Jennifer Aniston sehen, die zu einer Yogastunde unterwegs sind, melden wir uns bald vielleicht selbst für eine an.

Die Meditation hat hingegen kein so weitverbreitetes Image in der Öffentlichkeit. Es gibt zwar auch Gruppenmeditationen – etwa das chinesische Falun Gong, das 1999 in der Volksrepublik verboten wurde, oder die religiös motivierten Quäker-Treffen –, doch die Art von Meditation, für die ich mich in diesem Buch ausspreche, wird für gewöhnlich allein praktiziert.

Wenn Sie ein Bild von mir mit meiner Yogamatte sehen, denken Sie vielleicht: Hmm, Russell sieht so zufrieden aus; ich glaube, ich probiere das auch mal. Wenn Sie allerdings ein Bild von Ellen DeGeneres oder Oprah Winfrey sehen, auf dem die beiden lächeln, ziehen Sie vermutlich nicht den Rückschluss, dass Ellen und Oprah einen Großteil ihres Seelenfriedens der Meditation verdanken.

Das einzelgängerische Wesen der Meditation ist ein Grund dafür, warum die Methode bisher noch nicht die Menschen erreicht hat, die sie erreichen sollte – nämlich alle. Ein anderer Grund ist der, dass es zwar sehr einfach und preiswert ist zu meditieren (Geht es preiswerter als kostenlos?), viel zu viele Menschen aber immer noch Hindernisse zwischen sich und den 20 Minuten Stille sehen.

Und um diese Hindernisse wollen wir uns jetzt kümmern.

TEIL ZWEI

Warum Sie *glauben*,
nicht meditieren zu können

KAPITEL 3

ICH HABE KEINE ZEIT

»Aber Russell, ich habe einfach keine Zeit, um zu meditieren.«
Ich kann Ihnen gar nicht sagen, wie oft ich das schon gehört
habe. Häufig bitten mich Leute um Rat, wie sie im Leben vor-
ankommen können, was sie weiterbringt; und wenn ich dann
sage: »Probiere es doch einmal mit Meditation«, reagieren sie,
als wollte ich der Frage ausweichen. »Echt, Russell, ich hab'
für so was keine Zeit«, protestieren sie. »Gib mir was Hand-
festes!«

Doch etwas Handfesteres als Meditation für Menschen, die
ihr Leben verbessern wollen, gibt es nicht. Wenn sie also behaupten, sie hätten keine Zeit, antworte ich immer mit dem
guten, alten Meditationsspruch: Wer sich noch nicht einmal
20 Minuten Zeit nehmen kann, um sich mittels Meditation in
sich selbst zu versenken, sollte sich eigentlich *zwei Stunden* Zeit
dafür nehmen.

Wenn auch Sie zu den Menschen gehören, die meditieren
würden, wenn sie bloß Zeit *hätten,* kann ich Ihnen nur Folgen-
des raten: Nehmen Sie sich die Zeit.

Weil nämlich der Geist der Teil Ihres Körpers ist, den Sie am
häufigsten benutzen, um den Sie sich gleichzeitig aber auch am
wenigsten kümmern.

Überlegen Sie einmal, wie viel Zeit und Mühe Sie in andere
Bereiche Ihres Lebens investieren.

Wie die meisten von uns werden Sie wahrscheinlich *sehr* viel Zeit und Mühe darin investieren, Ihren Körper in Form zu halten. Das leuchtet ein.

Zudem kümmern wir uns aber auch ausgiebig um unsere materiellen Besitztümer. Wir bringen unsere Hemden in die Reinigung, wenn sie schmutzig sind. Wir putzen regelmäßig unsere Schuhe. Wir polieren das Silber, waschen hingebungsvoll das Auto und schneiden den Rasen mit der Nagelschere.

Doch wie viel Zeit verwenden wir darauf, unseren Geist »in Form« zu halten? In den meisten Fällen nur einen winzigen Bruchteil der Zeit, die wir für andere Dinge reservieren. Und in den allermeisten Fällen praktisch gar keine!

Nehmen Sie gleich jetzt ein Blatt Papier und einen Stift zur Hand und fertigen Sie eine Checkliste an. Gehen Sie die Liste durch und halten Sie fest, wie viele Stunden in der Woche Sie damit verbringen, sich um diese »wesentlichen« Bereiche Ihres Lebens zu kümmern:

- Äußere Erscheinung (Sport, Zähne putzen, Haare kämmen, rasieren, Make-up auflegen etc.)
- Geld (Rechnungen begleichen, Investitionen prüfen, Vorsorge für die Zukunft treffen etc.)
- Kleidung (einkaufen, waschen, aufhängen, bügeln etc.)
- Wohnung (putzen, Haushalt organisieren, Reparaturen etc.)
- Freizeit (am Auto herumbasteln, Computerspiele, fernsehen etc.)

Und nun zählen Sie zusammen. Sie kommen sicherlich auf 20 bis 30 Stunden die Woche, stimmt's?

Wenn ich davon spreche, sich um den Geist zu kümmern, meine ich damit nicht, ihn zu *benutzen*. Ich meine damit die Zeit, die Sie Ihrem Geist widmen, um ihn zu *entspannen* und zu *stärken*.

Hugh Jackman ist nicht nur Ehemann und Vater und einer der begabtesten Schauspieler und Entertainer unserer Zeit, er ist auch ein großer Fan der Meditation. Was entgegnet er denjenigen, die behaupten, sie hätten keine Zeit zum Meditieren? »Jeder von uns stellt sich jeden Tag unter die Dusche – und beschwert sich darüber nicht. Wir tun es, weil die Selbstdisziplin es uns vorschreibt. Es gibt immer eine Ausrede, warum man im Augenblick gerade auf keinen Fall meditieren kann ... Meist kräht das Ego: ›Meditieren? Jetzt? Dafür bist du viel zu beschäftigt. Was ist z. B. mit den Kindern?‹ Aber sagen wir auch: ›Ich kann heute nicht duschen, weil ich Zeit mit meinen Kindern verbringen will‹?«

In dieser Hinsicht kümmern Sie sich wahrscheinlich nicht besonders intensiv um ihn, oder?

Noch eine wichtige Frage: Hatten Sie je das Gefühl, Ihr Leben stünde kurz davor, ins Chaos abzudriften – trotz all der Zeit, die Sie mit Sport, Putzen, dem Bezahlen von Rechnungen und dem Organisieren des Alltags verbringen? Dass Sie trotz all der Mühe, die Sie sich damit geben, dem Ganzen eine Struktur zu verleihen, nur Millimeter davon entfernt sind, völlig die Kontrolle zu verlieren?

Falls die Antwort auf diese Frage Ja lautet, dann sollten Sie unbedingt meditieren, und zwar jeden Tag.

Sie arbeiten bereits hart daran, sich ein produktives, organisiertes und erfülltes Leben zu schaffen. Wenn Sie jetzt noch einen Teil dieser Mühe auf Ihren Geist richten, werden Sie über die Rentabilität Ihrer Investition staunen.

Sehen wir uns diese Investition einmal genauer an. Wenn Sie zweimal am Tag jeweils 20 Minuten lang meditieren, macht das in der Woche rund viereinhalb Stunden – und damit etwa ein Achtel der Zeit, die Sie auf all die anderen oben genannten Bereiche verwenden.

Das heißt natürlich nicht, dass Sie sich ab sofort nicht mehr die Zähne putzen oder Rechnungen bezahlen sollten. Doch was passiert beispielsweise, wenn Sie einmal ein paar Tage hintereinander keinen Sport treiben? Sie fühlen sich träge und irgendwie aufgebläht und nehmen sich vor, morgen früh gleich als Erstes einen Abstecher ins Fitnessstudio zu machen. Und wenn sich das Geschirr ein paar Tage lang im Spülbecken stapelt, denken Sie:»Das ist ja eklig. Gleich morgen früh mache ich den Abwasch.«

Und eben diese Priorität sollten Sie ab heute auch der Meditation in Ihrem Leben einräumen. Dafür müssen Sie weder das Fitnessstudio noch das Laufen nach Feierabend, ja noch nicht einmal das abendliche Fernsehen opfern. Doch ebenso unwohl, wie Sie sich fühlen, wenn Sie keine Zeit für Sport oder den Abwasch finden, werden Sie sich auch fühlen, wenn Sie sich keine Zeit zum Meditieren nehmen und die 40 Minuten nicht in Ihren Alltag einbauen.

Sie werden sehen: Wenn Sie erst einmal den Entschluss gefasst haben zu meditieren, ist Ihr vollgestopfter, hektischer Terminkalender plötzlich gar nicht mehr so vollgestopft und hektisch. Sie werden sich ausgeglichener und weniger gestresst fühlen. Die kleinen Ärgernisse im Leben, die Sie bisher aus der Fassung gebracht haben, werden nicht mehr als genau das sein: kleine Ärgernisse, die Sie einfach abschütteln. Statt das Leben an sich vorbeirauschen zu sehen, werden Sie selbst langsamer und können so all die schönen Dinge um sich herum wieder schätzen und genießen. Buchstäblich wieder stehen bleiben, um an den Blumen zu schnuppern.

Ich verspreche Ihnen, dass Sie nach ein paar Monaten kontinuierlichen Übens nicht mehr denken:»Wie soll ich heute bloß auch noch Zeit fürs Meditieren finden?« Das steht dann gar nicht mehr zur Debatte – Sie werden die Meditation schlicht als gegeben voraussetzen. Vielleicht fragen Sie sich, wie Sie andere Dinge unterbringen sollen, doch die Meditation steht immer ganz oben auf Ihrer Prioritätenliste.

Zu dieser Frage hat sich auch Ray Dalio geäußert, der Geschäftsführer von Bridgewater Associates, einem der größten Investmentfonds der Welt. Ray ist ungeheuer innovativ – man hat ihn schon den Steve Jobs des Investments genannt – und persönlich verantwortlich für Milliarden Dollar sowie Hunderte von Angestellten. Wenn *sein* Terminkalender nicht voll ist, dann weiß ich auch nicht. Und doch setzt sich Ray zweimal am Tag jeweils 20 Minuten ganz still hin und meditiert. Als ein Interviewpartner vom Center for Meditation and Inter-religious Dialogue der Georgetown University ihn einmal fragte, was er Menschen antworten würde, die sich selbst für zu beschäftigt zum Meditieren hielten, erwiderte er:

20 Minuten morgens, 20 Minuten abends. Das ist sicherlich nicht einfach und der Hauptgrund, der Menschen vom Meditieren abhält. Doch wer die Zeit investiert, wer die Meditation erlebt und sie mehr als sechs Monate lang ausübt, wird niemals wieder damit aufhören. Denn es sind nicht nur die 40 Minuten, die sich großartig anfühlen, man behält dieses Gefühl den ganzen Tag lang bei. Wirklich eine unglaubliche Investition: 20 Minuten morgens und abends auf der einen Seite, die Wirkung, die den ganzen Tag anhält, auf der anderen Seite. Der Tag ist viel effektiver, ich kann den Tag viel mehr genießen. Das lohnt sich dermaßen, dass man immer weitermachen will.

Damit hat Ray den Nagel auf den Kopf getroffen: Ja, zweimal 20 Minuten am Tag zu erübrigen stellt am Anfang tatsächlich eine große Herausforderung dar. Doch wer sich der Herausforderung stellt und zu üben beginnt, wird eine Veränderung bemerken: Schon bald ist die Meditation nicht mehr etwas, das man tun muss, sondern etwas, das man tun will.

Wie heißt es so schön? Es gibt nichts Gutes, außer man tut es. Fangen Sie also an! Wie? Das erfahren Sie in diesem Buch.

KAPITEL 4

ICH BIN NICHT GUT DARIN

Ein weiterer Irrglaube, über den manche Menschen stolpern, ist der, dass sie das Gefühl haben, nicht »gut« im Meditieren zu sein. Sie geben sich tatsächlich Mühe und versuchen es, bleiben aber nicht dabei, weil sie denken, sie machen etwas »falsch« und erleben nicht dasselbe wie andere, die »es können«. Vielleicht gehören Sie auch zu diesen Menschen. Vielleicht haben Sie schon einmal versucht zu meditieren, hatten aber, nachdem Sie ein paar Minuten still dagesessen sind, das Gefühl, dass es nicht »funktioniert«, und haben aufgegeben. Das ist völlig normal. Den meisten Meditationsanfängern geht es genauso.

Doch statt aufzugeben, möchte ich, dass Sie das Buch zu Ende lesen und es dann noch einmal probieren. Denn wer auch immer Sie sind und wie auch immer die ersten Meditationsversuche für Sie verlaufen sind, Sie haben ganz bestimmt das Zeug dazu, auch jemand zu werden, der »es kann«. Wenn Meditation Basketball wäre, dann hätte jeder von uns von Natur aus die Fähigkeiten eines Michael Jordan. Keiner wäre zu klein oder könnte nicht hoch genug springen, während andere zwei Meter groß sind und regelrecht durch die Luft fliegen! Jeder von uns wäre ein Mike. Es geht lediglich darum, sich Zugang zu diesem angeborenen Talent zu verschaffen.

In Wirklichkeit ist *jeder* gut im Meditieren, da die Meditation den für uns natürlichen Zustand darstellt. Zu behaupten, man sei nicht gut im Meditieren, käme der Behauptung gleich, man sei nicht gut im Atmen. Wie ein Fisch, der nicht gut im Schwimmen ist. So etwas gibt es nicht.

Vor einigen Jahren war ich in Ellen DeGeneres' Talkshow eingeladen, und wir kamen auf das Thema Meditation zu sprechen. Ellen erzählte mir, sie habe immer meditieren wollen und es auch ein paar Mal versucht, sei – Achtung, da ist sie wieder, die Formulierung – aber einfach »nicht gut darin«. Ich empfahl Ellen, es mit Transzendentaler Meditation zu probieren, einer auf Mantras basierenden Technik, die der, die ich Ihnen in diesem Buch vorstellen möchte, sehr ähnelt. Sie folgte meiner Empfehlung und fühlte sich schon nach einigen wenigen Sitzungen viel wohler beim Üben. Mittlerweile gehört das Meditieren zu Ellens Alltag. Der Meditation, so Ellen, verdanke sie die Konzentration, die sie braucht, um ihr hektisches Leben in Balance zu halten. Denn Ellen hat nicht nur eine eigene Talkshow, sondern auch ein Plattenlabel; sie tritt als Alleinunterhalterin auf, verfasst einen Blog und schreibt Bücher. Sie hat also durchaus einiges zu tun. In der *Today*-Show hat sie später erzählt, sie meditiere nun täglich. »Es fühlt sich einfach gut an«, so Ellen. »Es ist wie bei einem Computer, den man ab und zu runterfahren muss, wenn er zu spinnen anfängt. Wenn man ihn dann wieder hochfährt, ist alles wieder in Ordnung. Genau so geht es mir mit dem Meditieren.«

Ich bin sehr froh, dass Ellen der Meditation eine zweite Chance gegeben hat und sich nun engagiert dafür einsetzt, die Vorteile der Methode zu verbreiten. Warum sie am Anfang dachte, sie könne nicht meditieren – und warum so viele Menschen das denken –, lag möglicherweise an den Gedanken, die ihr noch durch den Kopf gingen, als sie sich hingesetzt und die Augen geschlossen hatte.

Wie man mit dem Gedankenstrom beim Meditieren umgeht, werde ich später noch detaillierter erläutern, doch im Augenblick sei bereits so viel gesagt: Meditation bedeutet nicht, dass keine Gedanken da wären. Meditation ist nicht mit Trance gleichzusetzen. Meditation bedeutet nicht zu vergessen, wer oder wo man ist. Wenn Sie also glauben, Sie machten etwas falsch, weil beim Meditieren noch Gedanken auftauchen, Sie nicht in Trance fallen und immer noch genau wissen, wer Sie sind und an welchem Ort Sie sich befinden, dann denken Sie bitte um. Denn Gedanken tauchen beim Meditieren unweigerlich auf. Allerdings entsteht durch die Meditation eine andere Beziehung zu diesen Gedanken. Statt von ihnen überwältigt oder beherrscht zu werden, lernen Sie, sich mithilfe der Meditation von Ihren Gedanken zu lösen. Dann treffen Sie auch keine hektischen, emotionalen Entscheidungen mehr, was Sie selbst und Ihren weiteren Lebensweg betrifft, sondern gehen mit Bedacht und in friedvoller, zufriedener Stimmung zu Werke.

Glauben Sie mir: Mir gehen immer noch tausend Dinge gleichzeitig durch den Kopf, wenn ich meditiere. Ich denke über Büroangelegenheiten nach, über Schwierigkeiten in meinem Privatleben, sogar über Sachen, die ich am Abend zuvor in einem Film gesehen habe. Doch mittlerweile verfange ich mich nicht mehr in diesen Gedanken; je länger ich dasitze, in völliger Stille, und mich auf mein Mantra konzentriere, desto weniger »Lärm« machen meine Gedanken. Nach ein paar Minuten tauchen die Gedanken dann in meinem Geist auf und verschwinden ebenso rasch wieder. Dann stellt sich ein Gefühl des Friedens und der Verbundenheit ein, das man im Alltag sonst eher vermisst – das »Herunterfahren des Computers«, von dem Ellen gesprochen hat. Wobei Herunterfahren nicht bedeutet, den Geist abzuschalten. Es geht vielmehr darum, den Lärm der Welt auszublenden. Ein entscheidender Unterschied.

Wenn man sich das erste Mal hinsetzt, um zu meditieren, werden die Gedanken sicherlich nicht aus dem Kopf strömen wie Luft aus einem Ballon. Und das ist auch gut so. Es ist sogar schön! Haben Sie Geduld und vertrauen Sie darauf, dass der Frieden schließlich Einzug in Ihr Leben halten wird, wenn Sie sich nur weiterhin auf Ihr Mantra konzentrieren und kontinuierlich üben. Oder wie es der große japanische Meister Katagiri Roshi formuliert hat: »Erwarten Sie keine Erleuchtung – setzen Sie sich einfach hin!«

Glauben Sie bitte auch nicht, Sie seien »zu jung« oder »zu alt« zum Meditieren. Ich habe meine Töchter an die Meditation herangeführt, als sie beide etwa zehn Jahre alt waren, und sie haben sich augenblicklich pudelwohl dabei gefühlt. Ich wundere mich auch jetzt, ein paar Jahre später, immer noch darüber, mit welcher Inbrunst sie die Methode praktizieren können.

Ebenso leicht hat sich ein enger Freund der Familie – Victor, der frühere Ehemann von Kimoras Mutter und eine Großvaterfigur für unsere Mädchen – daran gewöhnt, obwohl er schon über 70 war. Heute meditiert Victor zweimal am Tag, jeden Tag, und ist davon überzeugt, dadurch mehr Energie zu haben als manche Männer, die nur halb so alt sind wie er.

Ich möchte jedoch ausdrücklich darauf hinweisen, dass sich wie bei meinen Töchtern und Victor einige positive Effekte der Meditation relativ schnell einstellen – vor allem hinsichtlich Ihrer Gesundheit und Ihres Wohlbefindens –, sich die wahre Wirkung aber vielleicht erst nach Jahren oder sogar Jahrzehnten zeigt.

Ich habe mir vor Kurzem die Aufzeichnung eines Vortrags angesehen, den der Dalai Lama an der Stanford University gehalten hat. Er sagte darin, er sei selbst nach 60 Jahren Meditation immer noch überrascht, welchen Einfluss die Methode auf ihn habe. Er habe mit 15 angefangen zu meditieren, »ernsthaft« praktiziert habe er die Meditation aber erst mit Ende 20, Anfang 30. In die »tieferen Schichten« seines Bewusstseins sei er sogar erst mit 50, 60 vorgedrungen. Als ein Zuhörer ihn fragte, was er in all den Jahren der Meditation gelernt habe, antwortete der Dalai Lama: »Eines ganz bestimmt: Der Geist kann sich durch Üben, durch Achtsamkeit verändern. So viel steht fest.« Nehmen Sie sich die Worte des Dalai Lama bitte unbedingt zu Herzen: Der Geist *kann* sich durch Üben verändern. So viele Menschen sagen von sich, ihr Geist sei »zu beschäftigt, um zu meditieren« oder sie hätten »einfach keinen Draht zur Meditation«. In Wahrheit sind wir nicht auf eine bestimmte Beziehung zu unseren Emotionen und unseren Gedanken festgelegt. Was auch immer Sie bisher erlebt haben mögen: Auch Sie können diesen Frieden finden.

Sie müssen nicht glauben, »gut« im Meditieren zu sein, damit die Methode funktioniert. Sie müssen sich nur die Zeit dafür nehmen.

Das ist schon alles.

KAPITEL 5

ICH WEISS NICHT, WO ICH MEDITIEREN SOLL

Auch dieses Argument höre ich oft, wenn ich jemandem zur Meditation rate. Allerdings kann das manchmal wirklich ein Problem sein. In einer vollkommenen Welt hätte jeder ein eigenes Zimmer, in das er sich von Lärm und Ablenkung zurückzieht, in dem er das Licht dimmen und 20 Minuten in absoluter Stille einfach dasitzen könnte. Ich selbst gehöre zu den Glücklichen: Ich habe ein solches Zimmer, und es eignet sich perfekt zum Meditieren.

Doch bevor Sie jetzt sagen: »Tja, die Welt ist aber nicht vollkommen, und ich persönlich gehöre nicht zu den Glücklichen, die einen Meditationsraum haben, Russell«, muss ich Ihnen gleich widersprechen: Die Welt *ist vollkommen*. Es ist nur schwierig, die Perfektion wahrzunehmen, wenn man sein Leben nicht entschleunigt und Zugang zu dieser inneren Stille findet.

Ob Sie also eine Villa in Beverly Hills besitzen oder in einer Sozialwohnung in Harlem leben – Sie sind *überall* von perfekten Orten zum Meditieren umgeben. Einige scheinen auf den ersten Blick besser geeignet zu sein als andere, doch ich verspreche Ihnen, dass Sie einen Ort der Stille für sich finden werden.

Auch wenn ich seit etwa einem Jahr in Hollywood wohne, habe ich doch den Großteil meines Lebens in New York City verbracht – ein lauter, hektischer Ort, egal, wie viel Geld man hat und im wievielten Stock man residiert. Mein letztes Apartment in New York City beispielsweise lag direkt gegenüber der Großbaustelle von Ground Zero; und so hatte ich zwar ein wunderschönes, lichtdurchflutetes Zimmer, in dem ich meditieren konnte, habe dabei aber immer die Bulldozer und Kräne vor dem Fenster gehört.

Ich werde später noch näher auf die Ablenkungen der Außenwelt beim Meditieren eingehen, Ihnen hier aber schon einige Tipps geben, wie Sie einen geeigneten Meditationsort für sich finden. Fast 15 Jahre Meditationspraxis in New York City machen diesbezüglich erfinderisch!

Ich habe beispielsweise von Leuten gehört, die im Treppenhaus meditieren – das geht dann auch bei der Arbeit. Das klingt zunächst vielleicht verrückt, aber Treppenhäuser sind tagsüber tatsächlich relativ unbelebt und damit ruhig. Es sei denn natürlich, das Bürogebäude, in dem Sie arbeiten, hat keinen Aufzug. Doch ansonsten besteht die größte Ablenkung, mit der Sie konfrontiert werden könnten, wahrscheinlich in einem Kollegen, der schnell mal eben eine rauchen will.

Am besten bringen Sie sich dafür einen Klappstuhl mit ins Büro, den Sie dann im Flur aufstellen können. Ist dafür nicht genug Platz, können Sie sich auch auf ein Kissen auf einem Treppenabsatz setzen. Vielleicht ernten Sie schräge Blicke von den Rauchern, doch es lohnt sich: Sie werden bei der Arbeit fortan viel konzentrierter und ausgeruhter sein.

Eine weitere gute Option ist Ihr Auto, wenn Sie denn eins haben. Im Inneren eines Autos ist zwar nicht jedes Außengeräusch ausgeblendet, doch der Lärmpegel ist schon um einiges reduziert. Ein Freund von mir setzt sich jeden Tag die ersten 20 Minuten seiner einstündigen Mittagspause in seinen Wagen, um zu meditieren. Er trägt dabei immer eine Sonnenbrille, damit sein Chef, sollte er zufällig vorbeikommen, nicht denkt, er versuche, einen Kater auszuschlafen. Nach ein paar Minuten, so sagt er, verblasst der Verkehrslärm um ihn herum, und meist wird eine sehr effektive Sitzung daraus.

Das ist vielleicht auch eine gute Lösung für Menschen, die zu Hause meditieren wollen, von den Kindern, dem Hund, der Katze oder sogar dem Partner aber nicht einmal für 20 Minuten in Ruhe gelassen werden. Sollte das bei Ihnen der Fall sein, setzen Sie sich einfach in der Garage oder in der Auffahrt in Ihr Auto. Reicht auch das nicht, fahren Sie einmal um den Block und stellen das Auto zum Meditieren woanders ab. So lernen Ihre Liebsten, auch mal 20 Minuten lang ohne Sie auszukommen.

Ebenfalls geeignet ist das Badezimmer. Diesen Tipp habe ich in meinem Buch *Do You!* schon einmal gegeben und war mir damals nicht sicher, wie die Leute darauf reagieren würden. Nicht jeder kann der Vorstellung, sich auf die Toilette zu setzen und sich 20 Minuten lang auf ein Mantra zu konzentrieren, etwas abgewinnen. Doch nach Erscheinen des Buchs staunte ich nicht schlecht über das Feedback so vieler Menschen, die es ausprobiert und für ausgesprochen effektiv befunden hatten. Einer erzählte mir sogar, er hätte schon jahrelang versucht zu meditieren, aber einfach keinen Ort gefunden, an dem er sich dabei wohlfühlte. Nachdem er *Do You!* gelesen hatte, ging er in sein Bad, legte ein Kissen auf den Toilettendeckel, platzierte ein weiteres hinter seinen Rücken und genoss eine unglaublich entspannende Sitzung. Seitdem meditiert er täglich – nicht nur im Bad! Allein das Wissen, einen solchen Ort in seiner Wohnung zu haben, war für ihn der Durchbruch zum Erfolg beim Meditieren.

KAPITEL 6

GOTT WILL NICHT, DASS ICH MEDITIERE

Bisher sprachen wir über die Hindernisse, die die Menschen selbst zwischen sich und der Meditation aufbauen. Nun geht es um ein Hindernis, das gesellschaftlich vermittelt wird: und zwar die fälschliche Annahme, die Meditation stehe irgendwie im Widerspruch zur ausgeübten Religion, insbesondere zum christlichen Glauben.

Nichts könnte weiter von der Wahrheit entfernt sein als das. Denn was auch immer Sie gehört haben mögen: Die Meditation ist keine Religion.

Sie ist auch keine Philosophie.

Sie ist lediglich eine Technik, die Ihnen Zugang zur Stille in Ihrem Inneren verschafft. Eine Technik, wie ich in Teil drei näher erläutern werde, die unwiderlegbar auf der Neurowissenschaft fußt. Wenn Sie also nicht der Meinung sind, einen Neurochirurgen aufzusuchen sei »unchristlich«, dann sollten Sie auch die Meditation nicht für etwas »Unchristliches« halten.

Ich glaube im Gegenteil sogar, dass die Meditation eine ausgezeichnete Möglichkeit darstellt, eine persönliche Beziehung zu Gott aufzubauen und diese zu stärken. Der katholische Heilige Padre Pio hat einmal gesagt: »Im Studium der Schriften begibt man sich auf die Suche nach Gott, in der Meditation findet man ihn.«

Tatsächlich lehrt jede große Weltreligion, dass Gutes allein aus der Stille heraus entsteht. Im Christentum wird dieser Zustand als Christusbewusstsein bezeichnet.

Im Islam spricht man diesbezüglich von Taqwa, Gottbewusstsein oder Gottesfurcht, die Yogis nennen es Samadhi, im Buddhismus ist es als Nirwana bekannt. Im Judentum ist es die Kontemplation, die zu Devekut, zur Nähe mit Gott, führen kann. Alle großen Propheten waren sich einig, dass Stille in ein Gefühl des Friedens mündet und sinnstiftend ist. Diese Erkenntnis ist der gemeinsame Nenner, der die verschiedenen Propheten aus den unterschiedlichen Ländern und verschiedenen Zeitaltern miteinander verbindet. Sie alle wollten, dass der Mensch Frieden in sich selbst findet.

Weder Buddha noch Jesus Christus noch Mohammed haben jemals auch nur im Entferntesten gesagt, Stille sei gotteslästerlich. Deshalb kann ich auch partout nicht verstehen, warum sich irgendjemand durch die Vorstellung, still dazusitzen, bedroht fühlen sollte. Das Ziel jeder Religion oder jedes religiösen Anführers ist es bzw. sollte es sein, Nähe zwischen Mensch und Gott herzustellen. Und es besteht keinerlei Zweifel daran, dass die Meditation genau das tut.

Ich kann mir nur einen einzigen Grund dafür vorstellen, dass sich jemand von der Meditation bedroht fühlt: Dieser Mensch hat Angst vor anderen Menschen, die Entscheidungen aus dem Herzen heraus und voller Mitgefühl treffen. Wer einer religiösen Gemeinschaft vorsteht und seiner Gemeinde weismachen will, die Meditation sei etwas Gotteslästerliches, hat in meinen Augen Angst vor Menschen, die aus ihrem höchsten Selbst, aus der vollkommensten Stufe ihrer Persönlichkeit heraus handeln.

Vielleicht möchte derjenige nicht, dass seine Gemeinde die Vorstellungen über Sexualität, Rasse und Politik als künstliche Konstrukte durchschaut, die uns vom Wesentlichen ablenken. Vielleicht ist es unerwünscht, dass Gemeindemitglieder eines

Morgens aufwachen und sich nicht mehr an der Misshandlung von Tieren beteiligen wollen. Vielleicht ist die Vorstellung bedrohlich, dass Menschen nach friedlichen Lösungen suchen, anstatt für die oben genannten Ablenkungen in den Krieg zu ziehen. Welche selbst ernannte religiöse Autorität könnte gegen eine Methode sein, die buchstäblich zum Weltfrieden beiträgt? Ich halte Menschen, die behaupten, Gott wolle nicht, dass wir meditieren, für Betrüger, die die Menschheit belügen.

Das sind deutliche Worte, ich weiß; doch wenn so viel auf dem Spiel steht, kann ich mir einfach nicht auf die Zunge beißen, wie es sinngemäß der unvergleichliche, leider inzwischen verstorbene Biggie Smalls formuliert hat. Denn ich habe das Gefühl, dass das Religionsargument vor allem dazu benutzt wird, zwei ganz bestimmte Gruppen von der Meditation fernzuhalten: junge Leute und Gefängnisinsassen. Zwei Gruppen, die davon sehr profitieren könnten.

Zuerst zu den jungen Leuten. Ich habe das Glück, mit einer Stiftung des Regisseurs David Lynch zusammenarbeiten zu dürfen, die viel Zeit und Geld investiert hat, um Schulen im ganzen Land mit der Methode der Meditation bekannt zu machen. Insbesondere widmet sich die Stiftung Schulen, deren Schüler aus sozial benachteiligten oder familiär zerrütteten Verhältnissen stammen.

Eine dieser Schulen ist die New Village Charter High School in Los Angeles. Ihr Direktor Javier Guzman kann bezeugen, dass von allen Maßnahmen, die man an dieser Schule je ergriffen hat, um die Zukunftschancen der Kinder zu erhöhen, die Meditation die effektivste war. Durch die Meditation, so Guzman, waren die Kinder in der Lage, jenseits von Tests, Noten und Prozentzahlen ihr Potenzial als Individuen zu erkennen. Eine von Guzmans Schülerinnen, ein Teenager und Mutter, dazu: »Die Stille in der Meditation hat mir die Tür zu einem Menschen geöffnet, für den ich mich niemals gehalten hätte.«

Ein weiterer Lehrer, mit dem die David Lynch Foundation zusammengearbeitet hat, ist Carlos A. Garcia, der ehemalige Leiter des San-Francisco-Schulbezirks. Garcia bekam jede Menge Gegenwind, als er die Meditation als festen Bestandteil an den nicht gerade renommierten öffentlichen Schulen der Stadt einführen wollte. Doch für ihn stand die Sache fest. »Wir machen *alles* zum Gegenstand des Unterrichts, nur nicht die Schüler selbst«, sagte er auf einem Symposium der Foundation, bei dem auch ich einen Vortrag halten durfte. »Die Meditation ist die einzige stille Zeit in ihrem Leben … Sie verändert Leben, sie verändert Viertel und sie wird unsere Gesellschaft verändern.«

Trotz der erwiesenermaßen positiven Wirkung stoßen Lehrkräfte wie Guzman und Garcia auf erheblichen Widerstand – in erster Linie vonseiten derjenigen, die behaupten, die Meditation stehe im Widerspruch zu »christlichen Prinzipien«. Zum Glück haben viele Schulen inzwischen einen Ausweg aus diesem Dilemma gefunden: Sie nennen das Fach nicht mehr Meditation. Die Schüler meditieren nicht mehr jeden Tag 15 Minuten, sie verbringen sie in Stille, in der sogenannten Quiet Time. Nun, wenn das einige der Kritiker zum Schweigen bringt, möge es so sein. Mir persönlich ist es egal, wie es genannt wird, solange die Kinder nur ein Werkzeug an die Hand bekommen, das ihnen Zugang zur Stille in ihrem Inneren verschafft.

Auf ähnliche Vorurteile stoßen wir im Strafvollzugssystem. Vor Kurzem startete die William E. Donaldson Correctional Facility in Alabama ein wunderbares Programm, bei dem die Häftlinge lernen, mittels Meditation besser mit dem Stress und den depressiven Folgen des Eingesperrtseins umzugehen. Dieser Stress bricht sich oft in furchtbarer Gewalt Bahn – der Strafvollzugsbeamte William E. Donaldson kam 1990 bei einem der Gewaltausbrüche in eben diesem Gefängnis ums Leben.

Die dort angewandte Technik ist das sogenannte Vipassana, in dessen Mittelpunkt die Konzentration auf den Atem steht.

Die Häftlinge wurden um vier Uhr morgens geweckt und meditierten mit Unterbrechungen bis neun Uhr über ihr Leben und die Dinge, die sie ins Gefängnis gebracht hatten. In einem Bericht, den NPR (National Public Radio) über das Programm brachte, erzählte Johnny Mack Young, 61 Jahre alt und wegen Mordes verurteilt, dass die Meditation es ihm zum ersten Mal in seinem Leben ermöglicht hatte, darüber nachzudenken, warum er auf die schiefe Bahn geraten war. In seinem Fall hatte er es nie verarbeitet, als Kind am Unfalltod seiner kleinen Schwester beteiligt gewesen zu sein. »Es quält mich bis heute«, so Young. »Das habe ich durch die Meditation erkannt. Zu spät erkannt.«

Young war nicht der Einzige, dem die Meditation wirklich etwas gebracht hat. Der Gefängnisleitung zufolge waren die Häftlinge, die an dem Programm teilgenommen hatten, nach dem Erlernen der Methode zu 20 Prozent weniger in Disziplinarmaßnahmen verwickelt.

Doch trotz dieses Erfolgs war die William E. Donaldson Correctional Facility gezwungen, das Programm einzustellen, nachdem Geistliche des Strafvollzugssystems von Alabama Bedenken geäußert hatten, es stünde möglicherweise »nicht im Einklang mit christlichen Werten«. Zum Glück setzte sich der Direktor des Gefängnisses engagiert für die Wiedereinführung des Programms ein, weil er sich mit eigenen Augen von den Vorteilen der Methode hatte überzeugen können.

Allerdings wabert der Glaube, Meditation stünde »im Widerspruch zu christlichen Werten«, immer noch da draußen herum. Ob in Schulen oder Strafvollzugsanstalten: Zu viele Menschen haben eine irrationale Angst vor der Meditation. Ich bin nicht leicht deprimiert, muss aber zugeben, dass es mich traurig macht, auf welche gesellschaftlichen Hindernisse die Methode stößt. Fakt ist, dass wir den Schülern an diesen überfüllten Schulen etwas »Quiet Time«, etwas Stille schulden. Ebenso wie den Lehrern. Wie könnten wir nicht etwas so Einfaches und Kostengünstiges befürworten, das die Noten anhebt und die Gewalt minimiert? Das das Leben junger Menschen rettet – nicht nur im übertragenen Sinn? Wie könnten wir ihnen das verwehren?

Darüber, ob wir diese Stille auch verurteilten Mördern schulden, kann man geteilter Meinung sein – doch die Strafvollzugsbeamten haben sie sicherlich verdient. Diejenigen, die letztlich häufig den Preis für die unterdrückte Wut und die Depressionen zahlen.

Mit der folgenden Ansicht mache ich mich höchstwahrscheinlich unbeliebt, aber ich denke, wir schulden die Stille auch den zahllosen Menschen, die aufgrund von Drogendelikten unnötig hinter Gittern sitzen. Menschen, die größtenteils nur deswegen mit Drogen in Berührung gekommen sind, weil sie den Lärm in ihrem Kopf nicht abstellen konnten. Wie viele von ihnen würden auf Drogen verzichten, brächten wir ihnen eine Methode bei, den Lärm auf andere Weise als mit Selbstbetäubung abzustellen und zu der inneren Gelassenheit zu finden, die sie vergeblich in einem Tütchen Crack gesucht haben! Wenn wir das Kommen und Gehen in den Gefängnissen, zu dem uns der »Krieg gegen Drogen« verdammt hat, tatsächlich ernsthaft unterbinden wollen, gibt es keinen besseren Weg als die Meditation.

Ich möchte hier nicht den Eindruck erwecken, auf Christen oder irgendeiner anderen religiösen Gruppierung herumhacken zu wollen. Denn auch außerhalb dieser Gruppierungen herrscht oft genug noch die Vorstellung vor, dass nur »Durchgeknallte« oder Hippies Meditation praktizieren, die Methode also nichts für »normale« Menschen ist.

Ich bitte deshalb jeden darum, der Meditation Herz und Geist zu öffnen. Machen Sie Ihre eigenen Erfahrungen, bevor Sie urteilen.

Ich bin froh, dass mir derartige Vorurteile den Blick nicht getrübt haben. Oberflächlich betrachtet, passen Meditation und ein Afroamerikaner, der als Christ in Hollis, Queens, aufgewachsen ist, zunächst vielleicht nicht zusammen. Doch mir ist die Methode immer leichtgefallen, als wäre sie in meine Gene einprogrammiert. Sicherlich leichter, als nach einem halben Leben in New York City den Führerschein zu machen. Und aus welchem Viertel, welcher Stadt oder welchem Land Sie auch immer kommen mögen, Ihnen fällt sie bestimmt auch leicht. Wie David Lynch gesagt hat: »Die Leute halten Meditation jetzt für etwas Seltsames, aber in Zukunft werden diejenigen, die NICHT meditieren, für schräg gehalten werden.«

Ich möchte, dass wir diese Zukunft schneller erreichen. Einer der Hauptgründe, warum ich dieses Buch geschrieben habe, besteht darin, dass ich die Methode der Meditation in der Mitte der Gesellschaft etablieren will – dort, wo sie hingehört. Das ist im Prinzip damit vergleichbar, was ich auch beruflich tue: Ich verhelfe Ideen oder Bewegungen, die zu Unrecht ignoriert werden, aus dem Untergrund ans Licht, wo jeder sie sehen und würdigen kann. Ich habe mich in dieser Weise um Rapmusik, Hip-Hop-Mode und Spoken-Word-Lyrik bemüht und hoffe, der Meditation einen ähnlichen Dienst erweisen zu können. Hip-Hop hat in Amerika eine mächtige Wirkung gehabt – meiner Meinung nach hat der Musikstil nichts Geringeres zustande gebracht, als die ethnischen Beziehungen in diesem Land und überall auf der Welt zu revolutionieren –, doch ich glaube, dass die Wirkung der Meditation eine noch größere sein kann!

Ich würde sogar so weit gehen und sagen, dass die Meditation einen Teil zum Weltfrieden beitragen kann. Das ist eine kühne Behauptung, aber ich bin felsenfest davon überzeugt. Und vergessen Sie nicht: Ich bin nicht der typische Hippie. Ich kenne die Probleme sowohl von reichen als auch armen Menschen aus erster Hand und weiß nur zu genau, wie Menschen sein können, wenn sie nicht aus ihrem »höheren Selbst« heraus handeln. Ich weiß aber auch, dass wir uns alle zu diesem höheren Selbst entwickeln können, wenn wir gemeinsam mithilfe der Meditation unseren Geist und unseren Körper zur Ruhe bringen.

Vielleicht klingt das seltsam. Oder naiv. Oder sogar gotteslästerlich. Doch für mich ist dieses höhere Selbst das natürliche Selbst des Menschen. Und so lautet die Frage nicht, ob es diese friedliche Welt geben kann oder nicht, sondern wie wir ihre Entstehung beschleunigen können. Und egal, ob Sie Christ, Jude, Hindu oder Atheist sind – die Antwort auf diese Frage lautet: durch Meditation.

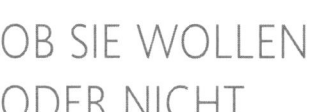

KAPITEL 7

OB SIE WOLLEN
ODER NICHT

Noch ein abschließender Gedanke dazu, was Sie möglicherweise davon abhält, sofort mit dem Meditieren zu beginnen. Ein Argument, das vielleicht auch das letzte Hindernis beseitigt: Sie bewegen sich bereits auf die Stille zu.

Ob Sie wollen oder nicht.

Das ist keine Drohung oder Warnung, nur eine Beobachtung hinsichtlich der grundlegenden Natur der menschlichen Evolution. Je älter wir werden, desto klarer sehen wir die Welt. Es wird uns bewusster, wie zerstreut wir waren, wie uns die Schönheit und die Wunder um uns herum entgangen sind.

Wie viele Menschen denken wohl am Ende ihres Lebens zurück und sagen: »Ach, hätte ich doch nur mehr Zeit im Büro verbracht!«? Oder: »Wenn ich noch einmal von vorn beginnen dürfte, würde ich es mir mit der Fernbedienung auf meiner Couch gemütlich machen, statt hinauszugehen und die Welt zu entdecken.«

Wahrscheinlich nicht allzu viele.

Wird ein reicher Mann auf dem Sterbebett seufzen und sagen: »Ach, könnte ich doch nur noch ein einziges Mal meinen Sportwagen fahren!«? Oder: »Könnte ich doch nur noch einmal aufstehen und alle meine goldenen Uhren anlegen!« Natürlich nicht. Er wird sich wünschen, noch einmal seine kleine

Tochter auf der Schaukel anschieben zu dürfen oder seinem kleinen Sohn auf dem Schoß aus einem Buch vorzulesen. Das Materielle wird ihn kaum beschäftigen, wie viele Besitztümer er im Laufe seines Lebens auch immer angehäuft haben mag.

Nein, wenn unsere Zeit gekommen ist, haben die meisten von uns endlich erkannt, dass ein glückliches, zufriedenes Leben nicht darin besteht, reich zu werden und sich mit materiellen Dingen zu umgeben. Endlich erkennen wir, dass wahres Glück darin besteht, Mitgefühl zu zeigen und die Welt wertzuschätzen, anstatt kaltherzig und gierig zu sein. Wir erkennen, dass unsere schönsten Momente die waren, die wir mit den Menschen verbringen durften, die wir lieben, in denen wir an einem strahlenden Tag am Strand spazieren gegangen sind, dem Rauschen der Wellen gelauscht und die Sonne auf unserem Gesicht gespürt haben. Oder in denen wir mit Freunden zusammengesessen und über einen Witz gelacht haben.

Kurz und gut: Wir begreifen letztlich alle, dass Glück daraus erwächst, im Augenblick zu leben. Daraus, die Wunder wahrzunehmen, die uns stets und ständig umgeben, anstatt blind an ihnen vorbeizuhasten.

Ich frage Sie: Warum sollten wir diesen Prozess des Begreifens nicht beschleunigen? Warum diese Erkenntnis nicht früher als später erlangen? Warum nicht jeden Tag glücklich sein, statt nur in seltenen Augenblicken?

Wenn also auch Sie Vorurteile gegenüber der Meditation oder Ausreden hatten – keine Zeit, zu schwer, kein geeigneter Raum, Meditation ist»unchristlich«–, dann bitte ich Sie inständig, sich darüber keine Gedanken mehr zu machen.

Denn wenn Sie diesbezüglich Ängste und Sorgen plagen, dann haben Sie eigentlich Angst vor Ihrem eigenen Geist.

Was gar nicht so weit hergeholt wäre. Der Geist kann tatsächlich ein furchterregender Ort sein – insbesondere dann, wenn wir uns nicht um ihn kümmern. Wenn Sie es zulassen, dass sich darin Jahre, gar Jahrzehnte voller Angst, Vorurteile, Enttäuschung, Zurückweisung, Wut und Kummer anhäufen, wundert es mich nicht, dass Sie daran lieber nicht rühren wollen.

Allerdings wird Ihr Geist Sie immer begleiten, jeden Tag, jede Sekunde des Tages. Und im Gegensatz zu einem Haus oder einer Computerfestplatte sind dem, was sich darin ansammelt, keine Grenzen gesetzt. Angst, Sorgen, Ablenkungen bis zum letzten Tag Ihres Lebens.

Doch warum sollten Sie so leben? Statt ängstlich in der Dunkelheit Ihres eigenen Kopfes herumzuschleichen, können Sie die Meditation nutzen, um die Vorhänge zurückzuziehen, die Fenster zu öffnen und endlich wieder Licht hereinzulassen.

Und wenn Licht und frische Luft hereinströmen, werden Sie sich großartig fühlen. Sie werden erkennen, dass es in all den Jahren, in denen Sie sich Sorgen gemacht haben, eigentlich gar nichts gab, wovor Sie sich hätten fürchten müssen. Denn unabhängig davon, was Sie durchgemacht haben, unabhängig davon, was Sie jahrelang gedacht haben, ist Ihr Kopf, Ihr Geist ein grundlegend guter, wohlwollender Ort. Ist der Müll erst einmal beseitigt, wohnen darin nur noch glückliche und zufriedene Gedanken.

Nichts hindert Sie daran, Ihren Geist, Ihre Gedanken und Gefühle, ganz neu kennenzulernen. Es sind die Ablenkungen, die Sie ängstlich und sorgenvoll machen, nicht das, was Sie in Herz und Kopf tragen!

Lassen Sie Ihre Sorgen, Ängste und Bedenken los und ersetzen Sie sie durch das Glück, das schon immer in Ihnen schlummert. Sie haben es nicht nur verdient, Sie haben sogar ein Anrecht darauf. Es ist Ihr Geburtsrecht.

TEIL DREI

Die gesundheitlichen Vorzüge der Meditation

KAPITEL 8

ANDERE HIRN-STRUKTUREN, ANDERES LEBEN

Nachdem wir die Hindernisse aus dem Weg geräumt haben, die möglicherweise zwischen Ihnen und der Meditation standen, wollen wir uns konkret ansehen, welche positiven Auswirkungen die Methode auf Körper und Geist hat. Und wie Sie sehen werden, gibt es weit mehr Vorzüge als Hindernisse! Insbesondere möchte ich auf die Wirkungen eingehen, die die Meditation auf das Gehirn hat. Denn wie gesagt: Die Wirksamkeit der Methode wird durch neurowissenschaftliche Erkenntnisse bestätigt.

Hier und da muss ich vielleicht etwas technisch werden, doch diese konkreten körperlichen Auswirkungen sind mir sehr wichtig. Auch viele Wissenschaftler sind sich mittlerweile einig, dass das tägliche Üben von Stille die Funktionsweise des Gehirns radikal verändern kann.

Zudem werde ich auf die erstaunlichen gesundheitlichen Vorzüge der Meditation eingehen: vom Senken des Blutdrucks und der Stressreduzierung über die Minimierung des Herzerkrankungsrisikos bis hin zu einer gesünderen Ernährungsweise. Die Meditation spielt eine enorme Rolle für unser Wohlbefinden und unsere Lebenserwartung!

ZWEI TEILE DES GEHIRNS

Ich möchte mit der Wirkung der Meditation auf das Gehirn beginnen, weil wir diesen Teil unseres Körpers zwar am häufigsten benutzen, von seiner Funktionsweise jedoch kaum etwas wissen.

Auch ich hielt das Gehirn viele Jahre lang für einen formlosen Raum, in dem Gedanken, Ideen und Vorstellungen einfach so umherdriften. Und wenn wir uns hin und wieder ein körperliches Bild von unserem Gehirn machen, dann als großer Klumpen grauer, irgendwie klebriger Masse.

Dazu eine politische Analogie. Etwas, worüber ich mich gern aufrege, ist, dass viele Menschen von Afrika als von einem Land sprechen. Oft heißt es:»In Afrika sollte man dies oder jenes tun.« In Wirklichkeit besteht Afrika jedoch aus vielen verschiedenen Ländern, Kulturen, Sprachen und Sichtweisen. Afrika ist ausgesprochen vielschichtig. Sieht man es als eine große Einheit, wird man es nie richtig verstehen können.

Und genau so ist es mit unserem Gehirn. Wir stellen es uns als konturlosen, grauen Klumpen vor, tatsächlich aber besteht es aus vielen verschiedenen Teilen und Schichten, jede mit eigener Funktion und Wirkung auf unsere Denkweise und unseren Körper. Wenn wir es lediglich als eine große Einheit sehen, können wir auch nicht das volle Potenzial unseres Gehirns nutzen.

Natürlich bin ich kein Arzt, und Sie haben dieses Buch wahrscheinlich auch nicht gekauft, um etwas über Neurologie zu erfahren; ich werde also versuchen, im Folgenden nicht allzu fachspezifisch zu werden. Zwei sehr wichtige Teile unseres Gehirns möchte ich jedoch besonders hervorheben, um zu verdeutlichen, wie unsere Emotionen entstehen und wie uns die Meditation dabei helfen kann, eben jene Emotionen besser zu beherrschen.

Der erste dieser beiden Teile ist das Großhirn, der größte Teil unseres Gehirns, der sich aus rechter und linker Hirnhälfte

(Hemisphäre) zusammensetzt. In der linken Hirnhälfte sind in erster Linie lineares, logisches und sprachbasiertes Denken lokalisiert. Sie können sie sich auch als Person vorstellen: Dann wäre die linke Hemisphäre jemand ausgesprochen Logisches und Rationales – vielleicht Mr. Spock aus *Raumschiff Enterprise*. Deshalb wählen viele sogenannte Linkshirnmenschen Berufe, bei denen Technik und vorgegebene Strukturen eine größere Rolle spielen als Kreativität, etwa Wissenschaftler oder Buchhalter.

Umgekehrt finden in der rechten Hirnhälfte nicht lineares und emotionsbasiertes Denken statt. Wäre diese Hemisphäre eine Person, wäre sie vielleicht der leider verstorbene Komiker und Schauspieler Robin Williams oder der Rapper DMX – jemand, der vor unzensierter Emotion und Energie nur so sprüht. Sogenannte Rechtshirnmenschen sind meist sehr kreativ und haben eine Affinität zu Kunst, Musik und Literatur. Manchmal werden solche Menschen auch als Freidenker bezeichnet.

Dass kleine Kinder so emotional sind, liegt darin begründet, dass sie überwiegend die rechte Hirnhälfte benutzen. Erst im Alter von etwa acht Jahren zeigen wir dann unsere wahre Präferenz für entweder die rechte oder die linke Hemisphäre.

Nun sind die beiden Hemisphären physisch zwar durch eine Art Brücke, den sogenannten Hirnbalken (Corpus callosum), verbunden, doch gebrauchen wir diese Brücke mit zunehmendem Alter immer weniger. Die kreativen Ideen bleiben eher auf der rechten Seite, die strukturierten, ordentlichen eher auf der linken.

Sicherlich ist es nicht »schlimm«, zu den kreativen Rechtshirnmenschen zu gehören, ebenso wie es nicht »schlimm« ist, ein strukturierter, logisch denkender Linkshirnmensch zu sein. Doch zu welcher Sorte auch immer Sie sich zählen: Wünschen Sie sich nicht manchmal auch, beide Quellen anzapfen zu können?

Kreative Denker könnten ein bisschen mehr Ordnung im Leben sicherlich gut gebrauchen. Und der Buchhalter, der es liebt, Summen auszurechnen, wünscht sich manchmal bestimmt auch ein paar Geistesblitze mehr.

Ein ungeheuer großer Vorteil der Meditation besteht darin, dass sie es uns ermöglicht, die Brücke zwischen rechter und linker Hirnhälfte wieder mehr zu benutzen. Das wissen wir aufgrund einer jüngeren Studie des UCLA Laboratory of Neuro Imaging, bei der man mittels Diffusions-Tensor-Bildgebung – eine Art Magnetresonanztomografie – einen genaueren Blick auf die strukturellen Verbindungen des Gehirns geworfen hat. Die Studie ergab, dass der Hirnbalken bei Menschen, die regelmäßig meditieren, stärker mit der rechten und linken Hirnhälfte verbunden ist als bei Menschen, die keine Meditation praktizieren. Anders ausgedrückt: Das Altern umschließt den Hirnbalken mit einer Mauer, und die Meditation hilft, diese Mauer einzureißen.

Wer sich also täglich in die Stille der Meditation begibt, bringt das Ungleichgewicht zwischen rechter und linker Hirnhälfte allmählich wieder in Balance. Mit dieser zurückgewonnenen Balance werden wir gleichsam wieder zu Kindern. Als es uns ebenso leichtgefallen ist und ebenso viel Spaß gemacht hat, eine Stunde Schönschrift zu üben wie sich zu verkleiden und eine Stunde lang Pirat zu spielen. Als wir uns noch nicht unorganisiert und zerstreut oder unkreativ gefühlt haben.

Die Erfahrung dieser kindlichen Leichtigkeit, verschiedene Dinge auf einmal zu sein, ist unglaublich befreiend. Ich weiß noch, wie ich in den ersten paar Monaten nach dem Meditieren manchmal wie ein kleines Kind gekichert habe. Nicht weil etwas besonders Komisches passiert wäre, sondern weil ich mich einfach wieder frei und unbedarft wie ein Kind fühlte. Da ich von Natur aus albern bin, habe ich es zuerst meiner allgemeinen Wesensart zugeschrieben. Doch heute weiß ich, dass dieses Gefühl keineswegs Zufall gewesen war. Es war mein Gehirn, das Bereiche seiner selbst anwarf, die jahrelang nur ungenügend benutzt worden waren.

Man kann es auch so ausdrücken: Wenn man die beiden Hälften seines Gehirns wieder verbindet, ist es fast so, als begegnete man nach vielen Jahren einem alten Freund. Nur dass dieser alte Freund man selbst ist. Instinktiv wussten wir, dass der kreative Denker oder strukturierte Logiker irgendwo in uns schlummert – wir wussten nur nicht, wie wir an ihn herankommen sollten. Die Meditation macht Sie wieder mit diesem Teil Ihrer selbst bekannt, den Sie so lange vermisst haben.

DIE ALARMANLAGE DES GEHIRNS REPARIEREN

Der andere Teil unseres Gehirns, auf den die Meditation einen großen Einfluss hat, ist das sogenannte limbische System. In diesem Teil des Gehirns werden unsere grundlegendsten Emotionen erzeugt, vor allem die Kampf-oder-Flucht-Reaktion.

»Bewacht« wird das limbische System durch eine kleine, mandelförmige Struktur namens Amygdala. Ihr Job ist es, jede neue Situation, in der wir uns befinden, einzuschätzen und dem limbischen System mitzuteilen, ob die Situation gefährlich ist oder nicht.

Eine weitere Analogie: Stellen Sie sich das limbische System als einen Autobesitzer vor und die Amygdala als Alarmanlage des Autos. Jedes Mal, wenn die Alarmanlage etwas entdeckt, das gefährlich sein könnte – wenn sich beispielsweise jemand dem Auto nähert –, geht sie los und macht einen Höllenlärm. Dann muss der Besitzer des Autos entscheiden, ob er den Alarm mit der Fernbedienung abstellt und einfach weiterschläft oder doch lieber mal aufsteht und nachsieht, was da los ist.

Und genau da wird es schwierig: Jedes Mal, wenn die Amygdala Alarm schlägt, schüttet das limbische System Stresshormone wie Adrenalin und Cortisol aus, die in unserem Körper ein Gefühl von Angst erzeugen. Dieses Gefühl ist immens wichtig, wenn wir tatsächlich in eine lebensbedrohliche Situation geraten. Wenn Sie auf der Straße überfallen oder im Wald von einem wilden Tier angegriffen werden, ist es schon ganz nützlich, dass die Stresshormone dem Körper sagen:»Nichts wie weg hier!«

Allerdings haben sie auch ihren Preis: Die Hormone sind nicht nur äußerst wirkungsvoll, sie sind auch extrem toxisch und verbleiben nach der Ausschüttung mehrere Tage in unserem Körper. Aus diesem Grund sollten sie möglichst auch nur ausgeschüttet werden, wenn es wirklich absolut notwendig ist.

Wie also können wir der Amygdala beibringen, zwischen einem bloßen Ärgernis und einer lebensbedrohlichen Situation zu unterscheiden? Oder um bei der Analogie zu bleiben: Wie der Alarmanlage beibringen, dass sie nicht bei jedem Windhauch oder harmlosen Passanten losgehen soll, sondern nur dann, wenn wirklich jemand versucht, das Auto zu stehlen?

Die Antwort auf diese Frage lautet – und möglicherweise sind Sie auch schon gar nicht mehr sonderlich überrascht: durch Meditation.

Durch sie können wir entschleunigen und den Gedankenstrom verlangsamen; so hat die Amygdala eine Chance, neue Situationen ruhiger und gemessener einzuschätzen.

Stellen Sie sich vor, jemand mogelt sich in der Schlange an der Supermarktkasse vor Sie oder schert dreist in eine Parklücke ein, auf die Sie schon länger geduldig gewartet haben. Solche Situationen sind zwar nicht im Mindesten lebensbedrohlich, veranlassen Ihr Gehirn aber trotzdem dazu, Adrenalin und Cortisol auszuschütten, stimmt's? Bei manchen Menschen sogar so viel Adrenalin, dass sie aggressiv und handgreiflich werden.

Doch ist die Zeit, die Sie nun länger an der Kasse stehen oder mit der Suche nach einem anderen Parkplatz verbringen müssen, es tatsächlich wert, Giftstoffe im Körper zu haben? Sicherlich nicht. Die Zeit, die diese Giftstoffe in Ihrem Körper verbleiben, ist bestimmt länger.

Ist Ihr Geist ruhig, sagt die Amygdala zum limbischen System:»Okay, das war nicht nett, aber kein Grund, Alarm zu schlagen. Ich lass den einfach mal aus.«

Und nun stellen Sie sich vor, was passieren würde, wenn Sie fünf Mal am Tag dazu in der Lage wären, eine Beleidigung zu ignorieren, anstatt negativ darauf zu reagieren. Auf die abfällige Bemerkung eines Kollegen hin nicht vor Wut zu schäumen oder die Tür zuzuknallen, weil Ihr Sohn sein Zimmer schon wieder nicht aufgeräumt hat, sondern dies einfach abzuschütteln. Wie wäre es, solche Ärgernisse akzeptieren zu können, statt auch nur die geringste Energie auf sie zu verwenden?

Das würde bedeuten, dass nicht fünf Mal am Tag unnötig Giftstoffe in Ihren Körper ausgeschüttet werden. Wie viel besser würden Sie sich bereits nach einer Woche fühlen! Wie viel entspannter würde Ihr Körper sein, wie viel klarer Ihr Geist!

Wäre das nicht ein viel freieres Leben?

VIEL ENTSPANNTER

Ein weiterer wunderbarer Vorteil der Meditation für Ihren Körper besteht darin, dass sie den Geist entspannt. Insbesondere bei Menschen, die wie ich nicht genug Schlaf abbekommen. Dass die Meditation zur Tiefenentspannung beiträgt, wissen wir seit den 1970er-Jahren, als der Kardiologe Dr. Herbert Benson im Rahmen einer Harvard-Studie Blutdruck, Hirnströme und Körpertemperatur von meditierenden Probanden maß. Er fand heraus, dass während der Meditation 17 Prozent weniger Sauerstoff verbraucht wurden, dass die Herzfrequenz um drei Schläge pro Minute sank und dass die Beta-Wellen abnahmen, während die Alpha- und Theta-Wellen zunahmen. Aus diesen Ergebnissen schloss Dr. Benson, dass die Entspannung, die man während der Meditation erfährt, oft ebenso tief, wenn nicht sogar tiefer als die Entspannung ist, die im Schlaf eintritt.

Das schloss er hauptsächlich aus der Wirkung der Meditation auf die Gehirnwellen. Ob wir wachen oder schlafen, unser Gehirn wird ständig von elektronischen Impulsen durchströmt, den sogenannten Beta-, Alpha-, Delta-, Theta- und Gamma-Wellen. Die Beta-Wellen werden meist mit zielorientierten Aufgaben und dem Lösen von Problemen assoziiert, Alpha- und Theta-Wellen hingegen mit Ruhe und Entspannung. Die Delta-Wellen sind in der Schlafphase am aktivsten.

Dr. Bensons Forschungsergebnissen zufolge – und diese werden durch eine jüngere australische Studie von der University of Sydney gestützt –, nehmen die Beta-Wellen ab, wenn wir meditieren. Das bedeutet, dass sich der Teil unseres Gehirns, der ständig Pläne schmiedet und Probleme löst, also *stresst,* beim Meditieren endlich mal eine Pause gönnt.

Das ist ein ganz entscheidender Punkt, weil viele Menschen fälschlicherweise annehmen, dass beim Schlafen der Geist »abgeschaltet« ist. Von wegen: Auch nachts zischen die Beta-Wellen in unserem Gehirn unablässig von A nach B. Sogar in der REM-Phase (Rapid Eye Movement), die als die tiefste Schlafphase gilt.

Sie sind doch bestimmt auch schon einmal gestresst früh zu Bett gegangen und haben gedacht, »eine ordentliche Mütze Schlaf« würde es schon richten, nur um acht Stunden später aufzuwachen und festzustellen, dass Stress und Sorgen immer noch da sind. Nun wissen Sie, dass Sie das den Beta-Wellen zu verdanken haben. Denn obwohl sich Ihr Körper nachts ausgeruht hat, war Ihr Geist immer noch aktiv. Er hat weiter gegrübelt und versucht, Strategien zu entwickeln, mit denen Sie Ihr Leben meistern können.

Indem die Meditation die Tätigkeit der Beta-Wellen reduziert, verschafft sie auch Ihrem denkenden Geist Ruhe – in erster Linie vor sich selbst. Doch das ist noch nicht alles: Die Meditation erhöht gleichzeitig die Tätigkeit der Theta- und Alpha-Wellen, was die Tiefenentspannung fördert.

Auf diese Weise fühlen Sie sich nach einer Meditation entspannt und konzentriert, auch wenn Sie möglicherweise Schlafschwierigkeiten haben. Ich selbst habe einmal sogar an völliger Schlaflosigkeit gelitten. Ich war nächtelang wach und grübelte nicht nur über die »Probleme« des vergangenen Tages nach, sondern auch über die, die am kommenden Tag vielleicht auftauchen würden.

Doch ich wurde älter und etwas weiser und habe dank Meditation und Yoga erkannt, dass das Verweilen in der Vergangenheit und das Sorgen um die Zukunft die fundamentale Ursache des Leidens sind. Als ich gelernt hatte, in der Gegenwart statt in der Vergangenheit oder der Zukunft zu leben, konnte ich auch wieder erholsam schlafen.

Ich leide auch heute ab und zu noch an Schlaflosigkeit, habe aber gelernt, sie zu akzeptieren und mich nicht wegen einer oder zwei schlaflosen Nächten verrückt zu machen. Wenn ich nach einer unruhigen Nacht am nächsten Morgen meditiere, fühle ich mich danach immer erfrischt. Dann mag mein Körper müde sein – mein Geist ist es nicht.

SIE KÖNNEN DAS GEHIRN UMPROGRAMMIEREN

Die Alarmanlage des Gehirns reparieren, rechte und linke Hirnhälfte in Balance bringen und Beta-Wellen reduzieren – all das weist auf etwas Grundlegendes hin: Wir können die Prozesse, die in unserem Gehirn ablaufen, beeinflussen. Und diese physische Veränderung wirkt sich ausgesprochen positiv auf unser emotionales und seelisches Gleichgewicht aus.

Das ist genau genommen nun nichts bahnbrechend Neues. Seit Buddhas Zeiten haben die Yogis gelehrt, dass sich unser emotionaler und geistiger Zustand durch Meditieren verbessern lässt. Sie hatten noch keine neurowissenschaftlichen bildgebenden Verfahren, um das zu »beweisen«; dennoch sind die positiven Auswirkungen der Meditation auf das Gehirn seit Tausenden von Jahren bekannt. Sie waren auch Jesus bekannt. Allerdings hat die westliche Medizin erst in den vergangenen Jahrzehnten so weit aufgeschlossen, dass sie diese uralte Wahrheit bestätigen kann.

Bislang dachten die Schulmediziner, das Gehirn höre mit zunehmendem Alter auf zu wachsen. Der vorherrschenden Lehrmeinung nach erreiche es im mittleren Erwachsenenalter seinen Leistungshöhepunkt und lasse dann kontinuierlich nach. Das mag für den Rest unseres Körpers zwar leider stimmen, doch sind sich die Wissenschaftler mittlerweile weitgehend einig, dass das Gehirn mithilfe der Meditation bis ins hohe Alter leistungsfähig bleiben kann.

Dr. Eileen Luders, Professorin an der UCLA und an der Durchführung der oben erwähnten Studie beteiligt, sagte neulich in einem Interview mit der medizinischen Fachzeitschrift *Neuro-Image:* »Regelmäßiges Meditieren kann die Verbindungen zwischen den Neuronen stärken und sogar neue Verbindungen aufbauen.« Und: »Diese winzigen Veränderungen Tausender Verbindungen können zu sichtbaren Veränderungen in der Hirnstruktur führen.«

Dr. Luders zufolge nehme durch die Meditation nicht nur der Hirnbalken an Masse zu, sondern auch die sogenannte graue Substanz des Zentralnervensystems.

Das ist so bedeutsam, weil die graue Substanz einer der wichtigsten Teile unseres Gehirns ist: Die Zellen der grauen

Substanz – umgangssprachlich auch gerne »graue Zellen« genannt – sind verantwortlich für Gedächtnis, Selbstempfinden, Aufmerksamkeit und Empathie. Das ist auch der Grund, warum von den 20 Prozent Sauerstoff, die im Körper sofort dem Gehirn zugeleitet werden, 95 Prozent direkt in die graue Substanz wandern.

Es ist bekannt, dass die graue Substanz eine entscheidende Rolle bei unserer Entwicklung spielt. Studien zufolge verfügen autistische Kinder, verwahrloste Kinder oder Kinder, die sexuell missbraucht wurden, über bedeutend weniger graue Substanz als »normale« Kinder im gleichen Alter.

Dass Meditation graue Substanz aufbauen kann, ist also eine wunderbare Neuigkeit – vor allem nachdem man jahrzehntelang angenommen hat, dass sie mit zunehmendem Alter nicht mehr wachse.

Die Wissenschaftler an der UCLA sind übrigens nicht die einzigen, die zu diesem Schluss gekommen sind. Eine Forschungsgruppe am Massachusetts General Hospital hat die Magnetresonanztomogramme von Probanden untersucht, die kurz zuvor mit dem Meditieren begonnen hatten, und festgestellt, dass die graue Substanz selbst nach nur wenigen Wochen Meditation an Masse zugenommen hatte.

»Diejenigen, die Meditation praktizieren, behaupten schon lange, dass die Methode positive kognitive und psychologische Auswirkungen hat, die den ganzen Tag lang anhalten«, so Dr. Sara Lazar, Hauptautorin der Studie, der *ScienceDaily* gegenüber. »Die Studie zeigt, dass diesen Verbesserungen möglicherweise Veränderungen in der Hirnstruktur zugrunde liegen und dass sich die Meditierenden nicht nur einfach deswegen besser fühlen, weil sie sich eine Zeit lang entspannen.«

Richard Davidson von der University of Wisconsin kam im Rahmen einer Studie mit tibetischen Mönchen, die sich zu Meistern auf dem Gebiet der Meditation entwickelt hatten, zu

Wenn Sie die Möglichkeit haben, sollten Sie sich Professor Hedy Kobers TEDx-Vortrag über Meditation auf YouTube ansehen. Sie beginnt mit der Ankündigung, sie habe eine gute und eine schlechte Nachricht. »Die schlechte Nachricht ist: Shit happens«, so Kober.

»Die gute Nachricht ist: Jeder, wirklich jeder von uns kann seine Einstellung zu der Scheiße verändern, wenn sie passiert. Diese Einstellungsveränderung kann man erlernen und trainieren.« Und welche Methode schlägt sie dafür vor? Die Meditation.

ähnlichen Ergebnissen. »Diejenigen, die die Methode schon seit sehr langer Zeit praktizierten, zeigten Hirnaktivitäten in einem Ausmaß, das wir so noch nie gesehen hatten«, sagte Davidson der *Washington Post* gegenüber. »Die mentale Praktik hat eine ähnliche Auswirkung auf das Gehirn wie Golf oder Tennis auf die körperliche Leistungsfähigkeit.«

Hedy Kober, Psychiatrieprofessorin an der Yale University, hat vor Kurzem in Buenos Aires einen denkwürdigen TEDx-Vortrag gehalten, in dem sie von einer Studie berichtete, die sie gemeinsam mit anderen Forschern der Universität über den Zusammenhang zwischen Meditation und Gehirn durchgeführt hatte. In der Studie ging es unter anderem darum, wie sich Meditation auf die Stresserfahrung bei Nikotinentzug auswirkt. Kober kam zu folgendem Ergebnis: »Die Methode verändert nicht nur die unmittelbare Reaktion auf Stress positiv, sie verändert mit der Zeit auch die Hirnstruktur selbst.« Kober fügte noch hinzu, die Studie habe sie und ihre Kollegen davon überzeugt, das Gehirn bestehe »nicht aus Plastik wie ein Eimer, kann aber wie Plastik zu verschiedenen Gegenständen geformt werden«.

Um es für den Laien noch einmal auf den Punkt zu bringen: Die Meditation baut den Teil des Gehirns auf, der Gedächtnis und Emotionen positiv beeinflusst, und mindert den Teil, der Stress verursacht. Und das sogar in einem Alter, in dem es mit unserem Gehirn einer früheren Lehrmeinung zufolge angeblich immer nur weiter bergab geht.

Wie ich gleich noch ausführlicher erläutern werde, bezweifle ich, dass irgendein Leser dieses Buchs mehr Zellen seines Gehirns gekillt hat als ich. Ich habe als Teenager bis in meine Dreißiger hinein tonnenweise Angel Dust geraucht – kaum eine Droge schadet dem Gehirn mehr als diese. Angesichts dessen, wie viel Kokain, Marihuana und Angel Dust ich im Laufe der Jahre in meinen Körper hineingepumpt habe, ist es ein Wunder, dass ich heute überhaupt noch funktioniere.

Und doch: Mittlerweile bin ich über 50, und mein Geist war nie aufnahmefähiger und konzentrierter. Und ich weiß auch, warum: durch die Meditation. Dass es an der zunehmenden grauen Substanz und der nicht mehr überarbeiteten Amygdala liegt, weiß ich zwar erst seit den Recherchen für das Buch, *gefühlt* habe ich es aber schon immer. Auch nach nur ein paar Monaten Meditation.

Wenn Sie auch nur eine Botschaft aus diesem Buch mitnehmen, dann sollte es diese sein: Sie stecken mit Ihrem Gehirn, so wie es jetzt ist, nicht fest.

Oder wie Dr. Davidson gesagt hat: Ebenso wie man den Körper durch konsequente sportliche Betätigung verändern kann, kann man auch die Struktur des Gehirns durch regelmäßiges Meditieren verändern.

Ob Sie nun schon jahrelang gestresst sind oder seit dem zarten Alter von 13 Jahren Pot rauchen – Sie können Ihr Gehirn mit Meditation positiv beeinflussen, wenn Sie nur wollen!

Manche Menschen bezeichnen Meditation als Liegestütze fürs Gehirn. Obwohl ich zwar hoffe, dass Sie aus diesem Buch mehr mitnehmen als das, ist der Vergleich gar nicht so schlecht. Sie wissen, dass tägliche Liegestütze in ein paar Wochen zu kräftigeren und größeren Muskeln führen – und nicht anders ist es mit der Meditation und dem Gehirn.

Wenn Sie zweimal 20 Minuten täglich für die Meditation erübrigen, wächst Ihr Gehirn in Bereichen, die Ihnen guttun, und schrumpft in denjenigen, die Ihnen schaden können. Das sage ich Ihnen, das sagen Ihnen immer mehr Wissenschaftler und die Yogis sagen uns das seit Tausenden von Jahren. Sie müssen sich dessen nun nur noch bewusst werden und mit dem Üben beginnen.

AUCH UND BESONDERS FÜR TEENAGER GUT

Wir haben schon über die unglaubliche Wirkung der Meditation an Schulen gesprochen, vor allem an jenen, an denen es sehr rau zugeht, um es euphemistisch auszudrücken. Nun möchte ich noch wissenschaftlich ergänzen, warum gerade junge Leute im Stress des Erwachsenwerdens so stark von der Methode profitieren.

Wenn Sie als Erwachsener Handys, das Internet und die sozialen Netzwerke als unangenehme Ablenkungen empfinden, müssen Sie sich erst einmal vorstellen, was heute alles - auf Teenager einströmt. Mir persönlich haben damals Mittelwellenradio, rund 45 Schallplatten, ein paar Comichefte und eine Handvoll Fernsehkanäle gereicht. Heute wachsen die Kids mit Hunderten von Videokanälen, Tausenden von Songs, Kameras und unzähligen Social-Media-Sites auf – allein auf ihren Smartphones! Ganz zu schweigen von Fernsehern, Computern und Spielekonsolen. Natürlich war auch ich als Kind oft abgelenkt, aber es gab auch ruhige Momente, die das ausglichen. Bevor wir nach Hollis gezogen sind, haben wir in Jamaica, Queens, gewohnt; damals gab es in der Nähe unseres Hauses noch Wälder mit vielen Schlangen darin. Ich verbrachte Stunden damit, nach ihnen zu suchen, und hatte mir sogar den Ruf unter den Kindern in unserem Viertel erworben, als Einziger keine Angst vor ihnen zu haben, sie anzufassen und mit ihnen zu spielen. In Hollis gab es dann keine Schlangen mehr – oder zumindest nicht mehr diese Art von Schlangen; aber zu dieser Zeit saß ich stundenlang in dem Zimmer, das ich mir mit meinem Bruder Joey teilte, und hörte mir Platten von R&B-Gruppen an, die ich besonders mochte, etwa von Blue Magic, den Spinners und den Delfonics.

Heute wäre es sehr schwierig, solche ruhigen Momente zu finden. Statt im Wald nach Schlangen zu suchen, würde ich wahrscheinlich vor dem Fernseher herumlümmeln und Videospiele spielen. Statt mit geschlossenen Augen auf dem Bett zu liegen und Musik zu hören, würde ich wahrscheinlich mit Kopfhörern vor dem Computer sitzen und gleichzeitig meinen Freunden mailen, simsen oder twittern und mein Facebook-Profil updaten. Statt mich in der Musik zu verlieren, würde ich sie wahrscheinlich kaum wahrnehmen.

Die Kids heute haben es wirklich nicht leicht, sich diese Augenblicke der Ruhe und Konzentration zu schaffen – als wüchsen sie mitten auf dem Times Square auf, ständig umgeben vom Sperrfeuer endloser audiovisueller Reize.

Doch wenn wir es unseren Kindern erlauben, stundenlang vor dem Fernseher zu sitzen, im Internet zu surfen und Whats-App-Nachrichten zu schreiben, müssen wir ihnen auch etwas geben, mit dem sie all der Hektik entgegenwirken können. Etwas, das den Lärm ausblendet und ihnen dabei hilft, sich wieder auf ihr Inneres zu konzentrieren.

Stellen Sie sich das Leben einmal wie ein Meer des Bewusstseins vor. Wenn die Kids es in erster Linie durch Bildschirme erleben – Fernseher, Computer, Smartphone etc. –, entfernen sie sich nie weit von der Oberfläche dieses Ozeans. Wir müssen ihnen beibringen, das Leben wieder in seiner gesamten Tiefe auszuloten.

Denn je tiefer wir in die Stille gehen, desto friedvoller wird sie. Desto mehr Glück finden wir in ihr. Das ist es, was junge Menschen von uns lernen sollten, nicht das Treiben an der Oberfläche. Wie die Taucher in diesen altmodischen Taucherglocken mit den Glasmasken und den Luftschläuchen sollten sie sich langsam auf den Grund des Ozeans sinken lassen. Je tiefer der Taucher sinkt, desto glücklicher und zufriedener ist er. Wenn er dann an die Oberfläche zurückkehrt, bringt er einen wahren Schatz mit: reine Glückseligkeit und Zufriedenheit.

Noch einmal: Diesen Schatz sollten wir jungen Menschen nicht vorenthalten. Denn wenn wir das tun, werden sie immer an der Oberfläche bleiben. Immer auf den Bildschirm starren, statt zu erkunden, was sich dahinter verbirgt. Nur darauf hören, was Freunde, Gleichaltrige oder soziale Netzwerke sagen, statt darauf, was sie im Innersten ihres Herzens längst als wahr erkannt haben.

Jeder junge Mensch sollte lernen zu meditieren. Egal, ob Ihre Kinder eine öffentliche Schule, eine »Problemschule« oder ein schickes Internat besuchen – wenn sie pausenlos whatsappen, skypen oder was auch immer gerade in Mode sein mag, wenn Sie dieses Buch lesen, brauchen sie etwas Ruhe, am besten in der Meditation.

Wie bereits erwähnt, fördert Meditation die Bildung der grauen Substanz im Gehirn, und das ist für Teenager besonders wichtig. Das habe ich in einem von der David Lynch Foundation gesponserten Vortrag von Dr. Richard Friedman vom Weill Cornell Medical College erfahren. Er erläuterte darin, wie die Meditation Teenager vor den lebensgefährlichen Situationen bewahren kann, in die sie sich so gern selbst bringen.

Dr. Friedman zufolge besteht eine der Eigenarten der menschlichen Entwicklung darin, dass sich die verschiedenen Bereiche des Gehirns unterschiedlich schnell entwickeln. Das betrifft auch den sogenannten Nucleus accumbens, das »Belohnungszentrum« des Gehirns, der mit Risiken behaftetes Verhalten wie Sex, um Geld spielen, klauen, schnelle Autos fahren und Ähnliches steuert – also all das wilde Zeug, das Teenager nun einmal tun und das uns Erwachsene in den Wahnsinn treibt.

Leider entwickelt sich der Nucleus accumbens schneller als der Rest des Gehirns, wenngleich aus gutem Grund. Teenager müssen Risiken eingehen und das Nest verlassen; sie müssen die Sicherheit der elterlichen Umgebung aufgeben und sich in der Welt da draußen durchschlagen. Würde sich der Nucleus accumbens nicht so rasch entwickeln, würde es junge Menschen nicht so sehr drängen, ihr eigenes Leben zu leben.

Hinzu kommt, dass der präfrontale Kortex, der Teil unseres Gehirns, der für die Vernunft zuständig ist, mit der Entwicklung des Nucleus accumbens nicht annähernd Schritt halten kann. Während Letzterer mit 15 voll funktionstüchtig ist, ist Ersterer erst mit Mitte 20 ausgereift.

Anders ausgedrückt bedeutet dies, dass wir zwischen 15 und 25 ausgesprochen risikofreudig sind, genau dann, wenn es mit der Vernunft noch gewaltig hapert.

Dr. Friedman hat es noch einfacher formuliert: Teenager sind Autos mit einem tollen Gaspedal und sehr schlechten Bremsen.

Und wie jeder Lehrer, jeder Vater und jede Mutter aus eigener, leidvoller Erfahrung sagen kann, gibt es kaum etwas Frustrierenderes und Gefährlicheres als einen Teenager, der weiß, wo das Gaspedal ist, aber die Bremse nicht findet.

Doch hier die gute Nachricht. In seinen Studien hat Dr. Friedman herausgefunden, dass die Meditation Teenagern genau dabei helfen kann: die Bremse zu finden. Da die Methode die graue Substanz im präfrontalen Kortex wachsen lässt, können Teenager, die meditieren, die Lücke zwischen risikofreudigem und vernünftigem Teil des Gehirns schneller schließen.

Hat ein Teenager gelernt zu meditieren, wird er es sich sicherlich zwei Mal überlegen, bevor er das Auto auf 160 Sachen beschleunigt, in einem Laden Klamotten klaut oder sogar eine Waffe mit in die Schule nimmt. Verspürt er das nächste Mal den Impuls, etwas Verrücktes zu tun, wird ihn die Vernunft wahrscheinlich ausbremsen.

Meine Töchter kommen gerade ins Teenageralter, und Sie können mir glauben, dass ich sorgsam darauf achte, dass sie täglich meditieren, die meiste Zeit mit mir gemeinsam. Sie praktizieren die Methode tatsächlich schon seit mehreren Jahren und haben in ihrer Entwicklung enorm davon profitiert. Sie hat ihnen Mitgefühl, Konzentration und eine Ausrichtung im Leben beschert, ebenso wie die Fähigkeit, zu entschleunigen und ruhig zu werden, wenn alles um sie herum Gas gibt. Für Eltern ist es immer schwer, ihre Kinder in die Welt zu entlassen; sie machen sich immer Sorgen, dass ihnen da draußen etwas zustoßen könnte oder dass sie sich selbst in Schwierigkeiten bringen. Doch da meine Mädchen meditieren, weiß ich, dass sie, was auch immer geschieht, ruhig bleiben, keine leichtsinnigen Entscheidungen treffen und sich nicht vom Wesentlichen ablenken lassen.

KAPITEL 9

WIE MEDITATION
IHREM KÖRPER HILFT

Die Vorteile, die die Meditation für das Gehirn hat, sollten eigentlich schon Grund genug sein, sich sofort hinzusetzen und mit dem Üben zu beginnen, doch zuvor möchte ich noch auf einige andere unglaubliche Dinge eingehen, wie die Meditation dem Rest Ihres Körpers hilft.

Wir haben schon ein paar Mal über Stress gesprochen, der beileibe nicht nur ein emotionaler Zustand ist. Stress löst die Kampf-oder-Flucht-Reaktion aus, die im Körper wiederum zur Ausschüttung von Giftstoffen führt.

Stress ist demnach nicht nur eine Stimmung, die wir manchmal eben ertragen müssen, Stress hat auch ausgesprochen negative Auswirkungen auf unseren Körper. Um es noch deutlicher zu formulieren: Stress macht krank. Und ist letztlich sogar tödlich.

Am häufigsten wirkt sich Stress negativ auf unseren Blutdruck aus. Wer unablässig gestresst, ängstlich und nervös ist, wird früher oder später auch an Bluthochdruck leiden. Und Menschen, die an Bluthochdruck leiden, neigen dazu, sich weniger zu bewegen und über ihren Bedarf zu essen.

Damit beginnt ein Teufelskreis, der nicht selten mit einer tödlichen Erkrankung wie einem Schlaganfall oder einem Herzinfarkt endet. Schätzungen der Centers for Disease Control zufolge haben 69 Prozent der Erstinfarktpatienten, 77 Prozent der Erstschlaganfallpatienten und 74 Prozent der Patienten mit chronischer Herzinsuffizienz Bluthochdruck. Obwohl es verlockend ist, Bluthochdruck als Nebenerscheinung der hektischen modernen Welt abzutun, ist die harte Wahrheit doch die, dass Herzerkrankungen in den USA und auch in Deutschland Todesursache Nummer eins und jährlich für über eine halbe Million Todesfälle verantwortlich sind.

Zum Glück hat sich die Meditation hier als sehr probates Mittel erwiesen. Die National Institutes of Health, die American Medical Association, die American Heart Association, die Mayo Clinic und Wissenschaftler aus Harvard sowie Stanford sind sich einig, dass Meditation Stress reduzieren und Bluthochdruck senken kann. In einer jüngeren Studie hat Dr. Norman Rosenthal, ein weltbekannter Psychiater und Autor, der mit der David Lynch Foundation zusammenarbeitet, herausgefunden, dass Menschen, die regelmäßig meditieren, sogar ein 30 Prozent geringeres Risiko aufweisen, an einer Herzerkrankung zu sterben.

Seine Ergebnisse wurden durch eine weitere jüngere, in der medizinischen Fachzeitschrift *Circulation: Cardiovascular Quality and Outcomes* veröffentlichte Studie untermauert: Darin bat man Probanden mit koronarer Herzkrankheit, Unterricht in Transzendentaler Meditation zu nehmen – mehr zur TM später. In den folgenden fünf Jahren sank das Risiko der Gruppe, einen Herzinfarkt oder Schlaganfall zu erleiden und daran zu sterben, um 48 Prozent.

Im Zuge dieser Ergebnisse haben in den USA einige Krankenversicherungen sogar schon Rückerstattungsprogramme für Bluthochdruckpatienten, die nachweislich TM praktizieren, eingeführt. Als ich mit Dr. Rosenthal darüber gesprochen habe, bestätigte er mir, dass dies hinsichtlich des Umgangs mit Herzerkrankungen in den USA ein sehr wichtiger Schritt sei.

Was empfiehlt man Bluthochdruckpatienten derzeit in der Schulmedizin? Sie sollen sich salzarm ernähren, mehr bewegen und ein blutdrucksenkendes Medikament einnehmen. Diese Medikamente kosten jährlich Tausende von Dollar und haben nicht selten Nebenwirkungen wie beispielsweise Schlafstörungen, Müdigkeit, Depressionen, Schwindel und Erektionsstörungen. Und wer die Medikamente erst einmal nimmt, wird sie vermutlich für den Rest seines Lebens nehmen müssen. Die Meditation hingegen kostet Sie gar nichts. Sie hat auch keine Nebenwirkungen. Sie senkt den Blutdruck und bewirkt, dass Sie sich ausgeruhter fühlen. Und was Erektionsstörungen angeht: Dazu gibt es zwar noch keine flächendeckenden Studien, doch ich kann Ihnen versichern, dass die Meditation keine verursacht. Es gibt im Gegenteil sogar wissenschaftliche Hinweise darauf, dass die Meditation Erektionsstörungen entgegenwirkt. Sie rettet also nicht nur Leben, sie schafft auch neues!

Bevor Sie also zu einer von drei Personen werden, die Bluthochdruck entwickelt, sollten Sie der Meditation eine Chance geben. Statt einer Pille, die in einem chemischen Labor der Pharmaindustrie zusammengebraut wurde, nehmen Sie lieber zwei 20-minütige Miniurlaube am Tag. Miniurlaube, die Ihr Risiko, an Todesursache Nummer eins zu erkranken, nachweislich um 30 Prozent senken. 30 Prozent – lassen Sie sich das ruhig einmal auf der Zunge zergehen! Wer würde eine solche Chance verpassen wollen?

FÜR DIE ZELLGESUNDHEIT

Wir wissen mittlerweile nicht nur, dass die Meditation Bluthochdruck wirkungsvoll bekämpfen kann, sie hat sich auch in anderen Bereichen als ausgesprochen effektiv für unsere Gesundheit erwiesen.

Eine 2013 an der University of California durchgeführte Studie ergab, dass sich bei an Prostatakrebs erkrankten Männern, die Meditation praktizierten, sich regelmäßig bewegten und einer vegetarischen Ernährungsweise folgten – was ich übrigens nur empfehlen kann! –, beschädigte Zellen wieder regenerierten.

Unsere Chromosomen sind gewissermaßen durch kleine Kappen geschützt, die sogenannten Telomere. Sie ähneln den Plastikkäppchen an den Enden von Schnürsenkeln, mit deren Hilfe sich die Schnürsenkel leichter einfädeln lassen. Lösen sich die Zellkappen ab, signalisiert dies dem Körper, dass die Zelle nicht mehr gesund ist und bald absterben wird. Aus diesem Grund glauben viele Wissenschaftler an einen Zusammenhang zwischen verkürzten Telomeren und tödlichen Zellerkrankungen wie beispielsweise Krebs.

Als die Wissenschaftler der University of California Männer, die regelmäßig meditierten, untersuchten, stellten sie fest, dass die Telomere in nur fünf Monaten erheblich an Länge zugenommen hatten – durchschnittlich um zehn Prozent.

Bei der Vorstellung der Untersuchungsergebnisse merkte Professor Dean Ornish an, er halte die Behauptung, Meditation könne Krebs bekämpfen, keineswegs für übertrieben. »Solcherlei umfassende Veränderungen hinsichtlich der Lebensweise können das Risiko für eine große Bandbreite an Erkrankungen und sogar das Sterblichkeitsrisiko bedeutend senken«, so Professor Ornish. »Unsere Gene und unsere Telomere sind Veranlagung – aber nicht notwendigerweise unser Schicksal.«

Darüber hinaus haben Studien erwiesen, dass sich die Meditation ausgesprochen beruhigend auf das Nervensystem auswirkt. Einem Artikel in der Fachzeitschrift *The Lancet Oncology* zufolge wirkt regelmäßige Meditation dahingehend, dass sie »das parasympathische Nervensystem aktiviert und das sympathische Nervensystem beruhigt«.

Auf diese Weise fördert die Meditation die Durchblutung und den Fluss der Verdauungssäfte (parasympathisch) und hält gleichzeitig Atem- und Herzfrequenz niedrig (sympathisch) – so, wie es sein soll.

Und obwohl es dazu noch keine abschließenden Studien gibt, listet die Mayo Clinic verschiedene andere Krankheiten und Beschwerdebilder, auf die die Meditation einen positiven Einfluss haben kann, darunter Allergien, Asthma, Schmerzen, Drogenmissbrauch und Heißhungerattacken. Zu Letzteren gleich mehr.

MEDITATION UND ERNÄHRUNG

Vielleicht gehören auch Sie zu den Menschen, die sich Gedanken über ihr Gewicht machen müssen. Die Prozentzahlen variieren zwar von Jahr zu Jahr, doch im Allgemeinen ist mehr als die Hälfte aller US-Amerikaner immer irgendwann auf Diät. Und Studien zufolge nehmen fast 80 Prozent der Menschen, die im Laufe dieser Diät Gewicht verlieren, nach der Diät wieder zu.

Wenn auch Sie schon einmal Opfer des Jo-Jo-Effekts geworden sind, wissen Sie, wie frustrierend das ist. Sie verwenden eine Unmenge an Energie darauf, Sport zu treiben und bestimmte Ernährungsrichtlinien einzuhalten. Wenn Sie das selbst gesteckte Ziel dann erreicht haben, kaufen Sie sich neue Klamotten und freuen sich ein paar Wochen oder sogar Monate lang an Ihrem »neuen Ich«.

Doch mit der Zeit lässt der Eifer nach, auf die Ernährung zu achten, und der innere Schweinehund macht Ihnen immer wieder einen Strich durch den Fitnessplan. Und schwupp, da sind sie wieder, die Pfunde auf den Hüften: Die »Neues-Ich-Klamotten« landen ganz hinten im Kleiderschrank, die Übergrößen werden wieder nach vorn sortiert.

Damit schwindet auch die Hoffnung, jemals wieder schlank zu sein. Schließlich haben Sie ja alles getan, was Sie tun sollten, aber es hat einfach nicht funktioniert. »Wahrscheinlich«, denken viele Leute dann, »werde ich immer dick sein.«

Aber jetzt komme ich und sage Ihnen, dass Sie Ihr Verhältnis zum Essen tatsächlich dauerhaft ändern können – durch Meditation.

Denn durch die Meditation werden Sie nicht nur dahingehend achtsamer, was und wie viel Sie essen, sondern auch dahingehend, wie dieses Essen schmeckt. Über das Essen nachdenken, seinen Geschmack wahrnehmen und genießen? Das scheint zunächst kein geeigneter Weg, Gewicht zu verlieren, sind wir doch darauf konditioniert zu glauben, das einzig Wahre beim Abnehmen sei es, sich entweder mittels einer Diät fast zu Tode zu hungern oder wie ein Bekloppter zu trainieren.

Allerdings empfehlen immer mehr Experten, darunter auch meine guten Freunde Deepak Chopra und Dr. Oz, die Meditation als Zugang zu dieser Art von achtsamem Essen, bei der man dauerhaft Gewicht verliert.

Statt sich dem Teufelskreis von Gewichtsab- und Gewichtszunahme im Rahmen einer Diät auszuliefern, können Sie sich dem Thema Ernährung auf eine viel gesündere und ausgewogenere Weise nähern. Auf eine Weise, die es Ihnen gestattet, alle möglichen Nahrungsmittel zu verzehren, nur in angemesseneren Portionen. Auf eine Weise, bei der Sie essen, wenn Sie *physisch* Hunger haben, nicht emotional, was fast noch wichtiger ist. Oder wie Deepak es ausdrückt: »Menschen essen aus zwei Gründen: Wenn sie physisch hungrig sind und wenn sie emotional hungrig sind. Wer isst, um seinen emotionalen Hunger zu stillen, nimmt unweigerlich zu.«

Eines allerdings sollte klar sein: Überflüssige Pfunde verschwinden nicht einfach so, nur weil Sie angefangen haben zu meditieren. Doch je mehr Zeit Sie in Stille verbringen, desto weniger werden Sie davon abgelenkt, auch hinsichtlich des Essens die richtigen Entscheidungen zu treffen. Je bewusster Ihnen diese Entscheidungen werden, desto leichter werden Sie sie ändern können.

Die Meditation hilft Ihnen nicht dabei, eine Diät durchzuhalten – sie hilft Ihnen, Ihr Leben zu verändern. Sie werden Ihre Beziehung zum Essen ganz neu überdenken und anschließend nicht mehr davon beherrscht werden, was Ihr Körper zu brauchen glaubt oder was zu konsumieren Ihnen die Gesellschaft vorschreibt.

DIE RICHTIGE MENGE

Was genau ist »achtsames Essen«? Und wie nehmen Sie damit ab?

Im Wesentlichen geht es beim achtsamen Essen darum, langsam zu essen und jeden Bissen geschmacklich wahrzunehmen und zu genießen, statt unbewusst und nebenbei zu essen. Beim achtsamen Essen konzentrieren wir uns darauf, wie das Essen riecht, wie es schmeckt, welche Konsistenz und welche Farbe es hat.

Das mag sich zunächst etwas einfältig anhören – wer weiß schließlich nicht, wie das, was er da zu sich nimmt, riecht oder schmeckt? Nun, wenn wir ehrlich sind: die meisten von uns.

Denn wir sind darauf konditioniert, abgelenkt, zerstreut, nebenbei zu essen. Oder sehen Sie beim Essen etwa nicht fern, blättern nicht in einer Zeitschrift, erledigen kein Telefonat oder sind mit dem Auto nicht irgendwohin unterwegs?

Diese Szenarien kommen Ihnen bestimmt auch bekannt vor. Und wenn wir so essen, dann erleben wir die Nahrungsmittel, die wir uns in den Mund stecken, auch nicht wirklich. Klar, den ersten oder zweiten Bissen des Sandwiches oder des Kuchenstücks schmecken Sie schon, doch nach ein paar Minuten fesselt Sie das, was Sie da im Fernsehen sehen, derart, dass Sie auf einmal einen leeren Teller vor sich stehen haben und nicht mehr wissen, wie das Essen eigentlich geschmeckt hat. Auf diese Weise berauben Sie sich nicht nur selbst der wunderbaren Erfahrung, wie gut ein Stück Kuchen schmecken kann, Sie essen wahrscheinlich auch mehr, als Sie brauchen. Wenn Sie mit dem Kuchen einen Hunger stillen wollen, insbesondere einen emotionalen, sich aber nicht einmal mehr daran erinnern, ihn gegessen zu haben, was machen Sie dann, wenn das Stück Kuchen weg ist? Sich vermutlich noch eins holen.

Und so verschlingen Sie einen ganzen Kuchen, eine ganze Schachtel Eiscreme oder eine ganze Packung Kekse, ohne sich dessen überhaupt bewusst zu sein.

Sich etwas gedankenlos in den Mund zu stopfen scheint ziemlich dumm zu sein, doch wir werden pausenlos dazu ermuntert. Was essen Sie normalerweise, wenn Sie von einer Heißhungerattacke wie der eben beschriebenen heimgesucht werden? Wahrscheinlich keine Erdbeeren, keine Auberginen und auch keinen Naturreis. Nein: Wenn wir Essen gedankenlos in uns hineinstopfen, sind es meist keine gesunden, natürlichen, sondern hochverarbeitete Lebensmittel.

Ich spreche von Eiscreme, Keksen, Chips, Süßigkeiten, herzhaften Knabbereien und zuckerhaltigen Riegeln – den allgegenwärtigen Snacks eben, zu denen wir alle anscheinend so schwer Nein sagen können. Und wissen Sie auch, warum? Nicht, weil der zuckrige und fette Kram wirklich gut schmecken würde, sondern weil er so hergestellt wurde, dass wir Heißhunger auf ihn bekommen *müssen*. Ganz recht: Die großen Lebensmittelkonzerne beschäftigen buchstäblich ganze Mannschaften von Wissenschaftlern, deren einzige Aufgabe es ist herauszufinden, wie sie uns nach ihren Produkten süchtig machen können. Das sollte eigentlich illegal sein, geschieht aber offen vor aller Augen.

Der preisgekrönte *New-York-Times*-Reporter Michael Moss hat ein exzellentes, wenn auch verstörendes Buch darüber geschrieben: *Das Salz-Zucker-Fett-Komplott: Wie die Lebensmittelkonzerne uns süchtig machen.* Darin berichtet er auch davon, wie die Wissenschaftler den »Glückspunkt« in den Lebensmitteln perfektioniert haben: die Menge Zucker, die uns high und süchtig nach genau diesem Keks oder Schokoriegel macht. Darüber hinaus schreibt er über die Perfektionierung des sogenannten Mundgefühls. Den Ausdruck kennen Sie vielleicht nicht, das Gefühl aber mit Sicherheit: die warme, befriedigende Empfindung, wenn Sie in geschmolzenen Käse oder ein knuspriges Grillhähnchen beißen. Leider entspringt das »Mundgefühl« jedoch Unmengen von Fett, die uns nicht nur ebenso high machen wie Zucker, sondern uns netterweise auch noch viel mehr Kalorien bescheren.

Und wie bereits erwähnt, sind diese süchtig machenden Eigenschaften kein Zufall. Die Lebensmittel wurden genau deshalb so entwickelt und vermarktet. Dazu Moss der Zeitschrift *Time* gegenüber: »In gewisser Hinsicht ist der Entzug von derlei hochverarbeiteten Lebensmitteln schwieriger als der Entzug von Betäubungsmitteln, denn hier ist kalter Entzug nicht möglich. Wir können ja nicht einfach aufhören zu essen. Selbst die Leiterin des National Institute on Drug Abuse in Washington sagt, es ist schwieriger, seine Essgewohnheiten zu kontrollieren als auf Drogen zu verzichten. Sie hat großes Mitgefühl mit Menschen, die zu viel essen.«

Ich will jetzt nicht zu dramatisch werden, doch jedes Mal, wenn Sie einen Supermarkt betreten und unweigerlich – denn sie sind so platziert – an den Regalen mit den Chips und den Süßigkeiten vorbeikommen, stehen Sie unter Beschuss. Man hat zig Millionen Dollar dafür ausgegeben, dass Sie nicht nur ein Lebensmittel kaufen, das ungesund für Sie ist, sondern dass Sie dafür auch noch wiederkommen – und wieder und wieder.

Wie also können wir angesichts der Lebensmittel, die wir kaum in Maßen zu uns nehmen können, die Beziehung zu dem, was wir essen, ändern? Wie können wir an Nahrungsmitteln voller Zucker, Fett und Salz vorbeigehen und lernen, kleinere Portionen zu essen, ohne dabei auf den Genuss verzichten zu müssen, den wir bislang immer mit diesen ungesunden Lebensmitteln assoziiert haben? Die Antwort: mithilfe der Meditation. Dieser Meinung sind auch immer mehr Wissenschaftler.

Beispielsweise hat die Professorin Jean Kristeller von der Indiana State University vor Kurzem ein Programm namens Mindfulness-Based Eating Awareness Training (MB-EAT) entwickelt, bei dem die Menschen mithilfe der Meditation lernen, kleinere Portionen zu sich zu nehmen. Die Idee hinter MB-EAT: Wenn wir unser Essen wieder schmecken, statt es gedankenlos hinunterzuschlingen, wird uns auch unser eigentlicher Appetit wieder bewusst. Dann tricksen uns unsere Emotionen nicht mehr aus und verführen uns nicht mehr zum Essen, auch wenn wir keinen Hunger haben. Wer achtsam isst, isst nur, wenn er wirklich hungrig ist. »Unsere Geschmacksknospen ermüden relativ rasch. Durch Achtsamkeit können wir schlechte Gewohnheiten ablegen, die wir seit Jahrzehnten mit uns herumschleppen«, so Dr. Kristeller auf www.boston.com.

Das Programm ist wirklich ganz einfach: Wenn Sie das nächste Mal Appetit auf einen Snack haben, geben Sie eine Handvoll Rosinen in eine Schale und schließen Sie die Augen. Nehmen Sie eine Rosine in den Mund und kauen Sie sie – immer noch mit geschlossenen Augen – in den kleinstmöglichen Portionen. Nehmen Sie eine weitere Rosine und essen Sie sie auf dieselbe Weise. Versuchen Sie, sich wirklich auf den unvergleichlichen Geschmack der getrockneten Traube und auf die Empfindungen, die Sie beim minutiösen Verzehr der köstlichen Frucht haben, zu konzentrieren.

Wenn Sie die Rosinen langsam und achtsam statt wie üblich schnell und zerstreut essen, werden Sie überrascht sein, wie viel Geschmack eine einzelne Rosine besitzt. Sie werden den Hunger, den Sie verspürt haben, mit nur einer Handvoll Rosinen stillen können, statt wie sonst mit einer ganzen Tüte oder Schachtel.

Führen Sie die Übung anschließend mit einem Keks oder etwas Eiscreme durch – am besten mit veganer Eiscreme aus Mandel-, Soja- oder Reismilch: Die ist viel gesünder als Kuhmilch und schmeckt unglaublich gut! Konzentrieren Sie sich auf den reichhaltigen und befriedigenden Geschmack des ersten Bissens und hören Sie danach auf. Auch wenn Sie den Drang verspüren, weiter zu essen: Geben Sie ihm nicht nach, bis Sie sich aufgebläht und widerlich voll fühlen. Sie haben mit diesem einen Bissen bekommen, was Sie brauchen.

Das hört sich für jemanden, der nächtelang Kekse und Eiscreme in sich hineingeschaufelt hat, zunächst vielleicht unmöglich an, doch für Menschen, die meditieren, ist das absolut machbar. Denn die Meditation bringt dem Gehirn bei, die Ablenkung als solche zu erkennen, statt sich von ihr täuschen zu lassen.

Eine weitere Möglichkeit, langsam und bewusst oder achtsam zu essen, besteht darin, sich auf die Herkunft des betreffenden Lebensmittels zu besinnen. Viele von uns haben die schlechte Angewohnheit zu glauben, unsere Nahrungsmittel kämen aus der Verpackung. Rosinen wachsen in Tüten, Pfirsiche in der Dose, und auch das Stück Fleisch war schon immer in Plastik eingewickelt und nicht irgendwann einmal Teil eines Tieres. Das kann man uns noch nicht einmal vorwerfen – die wenigsten sind auf einem Bauernhof aufgewachsen, viele kennen Lebensmittel nun einmal nur aus dem Supermarkt. Unsere Beziehung zu ihnen ist die des Konsumenten, nicht die des Produzenten.

Doch nehmen Sie sich einmal die Zeit, darüber nachzudenken, wie das Stück Obst, das Sie gerade essen, entstanden ist: der Same, der in fruchtbarem Boden angepflanzt und gewässert werden musste, damit er keimte; der hoffentlich von Pestiziden verschont geblieben ist; die Pflanze, die Sonne gebraucht hat, um zu wachsen und Früchte zu tragen. Der Arbeiter, der die reife Frucht vorsichtig gepflückt hat, um sie nicht zu beschädigen. Das Verladen auf Lastwagen, damit das Obst schließlich bei Ihnen landet. Wenn Sie sich bewusst sind, wie viel Arbeit und Mühe in den Rosinen oder Heidelbeeren steckt, die Sie gerade essen, werden Sie sie viel mehr schätzen und genießen können. Dann werden Sie auch nicht das Bedürfnis verspüren, mehr zu essen, als Sie brauchen, die Früchte achtlos »wegzunaschen«, während Sie mit den Gedanken beim Fernsehen oder im Internet sind.

Das funktioniert umgekehrt auch, wenn Sie einmal darüber nachdenken, wo die Eiscreme, die Sie da vor sich haben, eigentlich herkommt. Wenn Sie sich die Inhaltsstoffe vor Augen führen – Dinatriumhydrogenphosphat, Benzylacetat, Monostearat, Propylenglycol, Natriumbenzoat, Polysorbat 80, Kaliumsorbat und modifizierte Stärke –, wirkt das weit weniger appetitanregend und Sie hören nach einer kleinen Portion von ganz allein mit dem Essen auf, egal, wie gut die Eiscreme auch schmecken mag.

Das ist es, was ich mit der Macht der Achtsamkeit meine: Wenn Sie sich bewusst sind, was Sie Ihrem Körper zuführen, statt sich lediglich Ihren Gelüsten hinzugeben, essen Sie viel selektiver und gesünder.

KLEINE SÜNDEN SIND ERLAUBT

Die Meditation hilft Ihnen dabei, bewusster zu essen. Sie vermittelt Ihnen jedoch auch, dass es kein Beinbruch ist, hin und wieder einmal zu sündigen. Viele Menschen sprechen beim Diäthalten von »Willenskraft« – mit anderen Worten, sie zwingen sich, auf das zu verzichten, was sie zu wollen glauben. Sie hinterfragen dabei nicht, ob das Wollen ein echtes oder ein künstlich erzeugtes Bedürfnis ist; sie versuchen lediglich, sich zu weigern, dem Bedürfnis nachzugeben.

Das Problem dabei ist, dass diese Menschen dann das Gefühl haben, »willensschwach« gewesen zu sein, wenn sie dem Bedürfnis schließlich doch nachgegeben und den Keks oder das Stück Kuchen gegessen haben – wie wir es alle früher oder später tun. Und diese »Willensschwäche« fortan als gegeben hinnehmen, statt vernünftig zu sein, den kleinen Ausrutscher zu akzeptieren und ihn durch die folgenden »guten« Essensentscheidungen auszugleichen.

Glauben Sie mir: Ich weiß, wovon ich spreche. Obwohl ich seit 15 Jahren vegan lebe, habe ich Dutzende, wenn nicht Hunderte Male »gemogelt« und einem Drang nachgegeben. Mal war es eine Gabel voll Fisch, die ich einem Freund vom Teller geklaut und mir in den Mund gesteckt habe, bevor dieser auch nur Quack sagen konnte, mal eine kleine Eiernudel, auf die ich plötzlich unbändige Lust hatte.

Doch wenn mir ein solcher Ausrutscher unterläuft, verliere ich dadurch nicht gleich meine Konzentration oder meine Entschlossenheit. Ich rede mir nicht ein, ich sei zu »schwach«, um das durchzuziehen, ich sei durch diese eine Gabel voll Fisch kein Veganer mehr. Ich *möchte* vegan leben, bin aber nicht perfekt. Und ich akzeptiere meine Unvollkommenheit. Ich denke auch nicht darüber nach, was andere Veganer davon halten, dass ich ein Stück Fisch oder Fleisch gegessen habe. Ließe ich mich von solchen Gedanken ablenken, hätte ich das Gefühl, als Veganer »versagt« zu haben, und könnte dann ja gleich munter weiter Fleisch essen. Das allerdings wäre meiner Meinung nach das wirkliche Versagen.

Stattdessen überlege ich mir, was gerade passiert ist – ich habe mich von einem Drang ablenken lassen –, und gehe anschließend zu meiner veganen Tagesordnung über, ohne mich für meinen Ausrutscher zu geißeln.

Ein weiterer sehr wichtiger Punkt ist die Stressreduzierung durch Meditation. Das ist auch in puncto Ernährung bedeutsam, weil wir uns durch Stress hungriger fühlen, als wir wirklich sind. Bei Stress sendet das Gehirn im Grunde die gleichen Warnsignale, die es auch senden würde, wenn wir kurz vor dem Verhungern stünden.

»Stress erzeugt dieselben Signale wie ernsthafter Hunger. Er aktiviert die Bahnen im Gehirn, die uns Heißhunger auf Lebensmittel mit einer hohen Kaloriendichte machen, also auf sehr fett-, zucker- und salzhaltige Lebensmittel«, so Elissa Epel, Gründerin und Leiterin des Center for Obesity Assessment, Study, and Treatment an der University of California/San Francisco gegenüber *Greater Good,* einer Zeitschrift der University of California/Berkeley. »Für das ›Stressgehirn‹ stellt Essen eine noch größere Belohnung als sonst dar.«

Die Verbindung zwischen emotionalem Stress und Essen ist bei Frauen deutlich ausgeprägter. Epel zufolge haben Umfragen ergeben, dass 50 bis 60 Prozent der befragten Frauen aus emotionalen Gründen essen statt aus Hunger. Sie versuchen, unangenehme Gefühle wie Stress, Kummer oder Nervosität mit Essen, insbesondere mit Süßigkeiten, zu dämpfen. Allerdings hilft das nicht, im Gegenteil: Es führt mit aller Wahrscheinlichkeit zu einer Gewichtszunahme, die die unangenehmen Gefühle noch verstärkt.

Professor Kristeller hat hingegen herausgefunden, dass die Meditation vor allem für Frauen, die mit Gewichtsproblemen zu kämpfen hatten, hilfreich war. Gemeinsam mit dem weltberühmten Diet and Fitness Center der Duke University unterzog Kristeller eine Gruppe extrem übergewichtiger Frauen vier

Monate lang ihrem MB-EAT-Programm, wobei besonders viel Wert auf Achtsamkeit gelegt wurde. Am Ende des Programms hatten die Frauen bereits eine gesündere Beziehung zu ihrem Essen entwickelt und auch schon begonnen abzunehmen. »Der Grad der Gewichtsabnahme hing direkt mit dem Ausmaß zusammen, in dem die Frauen Achtsamkeitstechniken einsetzten«, so Professor Kristeller.

Der berühmte buddhistische Mönch Thich Nhat Hanh sagte vor Kurzem in einem Interview mit der Zeitschrift *Oprah,* achtsames Essen sei eines der mächtigsten Werkzeuge zur Stressreduzierung, die uns zur Verfügung stehen. »Wenn ich mich wirklich mit dem Essen beschäftige und es als eine Art Meditation ansehe, die ebenso wichtig ist wie die Meditation im Sitzen oder im Gehen, erhalte ich die mannigfaltigen Geschenke des Universums, die ich nicht bekäme, wenn ich mit den Gedanken woanders wäre. Wenn ich beim Essen nur an meine Sorgen und Pläne denke, nehme ich gleichzeitig auch sehr viel Stress und Angst in mich auf, und das schadet meinem Körper und meinem Geist.«

AUTOMATISMEN AUFLÖSEN

Leider haben wir uns kollektiv eine ganz bestimmte Art angewöhnt, mit Stress umzugehen: Wir versuchen, ihn durch sogenannte Seelentröster »wegzuessen« – Grillhähnchen, Rippchen, Maisbrot, überbackene Nudeln und frittierter Fisch. Die Lebensmittel eben, die uns, wie wir uns einreden, trösten.

Leider aber hält der »Trost« solcher Nahrungsmittel, wenn überhaupt, nur sehr kurz an. Denn was passiert, kurz nachdem man einen Teller voll knuspriger Rippchen verputzt hat? Oder ein dickes, saftiges Steak? Richtig: Man fällt ins »Schnitzelkoma« – der augenzwinkernde Ausdruck für jenen trägen, schläfrigen Zustand nach einem allzu üppigen Mahl. Wirklich zum Augenzwinkern ist das allerdings nicht, denn die Lethargie ist ein Zeichen unseres Körpers, dass das, was wir da eben gegessen haben, nicht gut für uns war. Und ein gar nicht mal so subtiles Zeichen obendrein.

Dennoch ignorieren wir diese Warnung jahrelang und hören einfach nicht auf die Signale unseres Körpers, auch wenn sie noch so deutlich sind. Scheintot umfallen nach einem Teller Rippchen – geht es deutlicher? Wohl kaum. Weil wir aber zerstreut sind und nicht hinhören, überschwemmen wir unseren Körper weiterhin mit schädlichen, ungesunden Nahrungsmitteln, bis es manchmal tragischerweise zu spät ist.

Zwar scheinen diese Lebensmittel eine tröstende Wirkung auf unsere Emotionen zu haben, auf unsere Körper haben sie aber ganz andere Auswirkungen. Sie spenden ihm weder Trost noch bringen sie ihm Frieden oder Ruhe; dafür bescheren sie uns ernsthafte gesundheitliche Probleme wie Bluthochdruck, Übergewicht, einen Herzinfarkt oder einen Schlaganfall.

Und in Sachen schädliche Lebensmittel kann mir wirklich keiner etwas vormachen: Ich hatte sie alle. Rippchen, Flank-Steaks, Schweineinnereien, Chicken Wings, Schweinsfüße … Wahrscheinlich hätte ich auch einen Elefantenhintern verspeist, hätte ihn mir jemand auf einem Teller serviert. Ich dachte nicht eine Sekunde lang darüber nach, welchen Schaden dieses Essen anrichten könnte, weil ich gelernt hatte, auf die Welt zu hören statt auf meinen Körper. Und die Welt behauptete, schmieriges, fettiges Fleisch würde mich glücklich und zufrieden machen. Ich glaubte ihr, trotz aller gegenteiligen Beweise. Bis ich eines Tages aufwachte.

Ich sage »aufwachen«, weil ich fest davon überzeugt bin, dass Fleisch zu essen tatsächlich eine unbewusste Verhaltensweise ist. In unserem tiefsten Inneren wissen wir alle, dass es falsch ist, Fleisch zu verzehren – schlecht für unseren Körper und furchtbar für die Tiere, die unseretwegen leiden müssen und getötet werden. Als die Bibel davon gesprochen hat, der Mensch möge sich die Welt »untertan« machen, war damit sicherlich nicht die Massentierhaltung gemeint, die allein in den USA jährlich mehr als zehn Milliarden Landtiere den Schlachthöfen zuführt. Und ganz nebenbei einen ungeheuer großen Beitrag zur globalen Erwärmung leistet. Ich glaube, deshalb hat Albert Einstein auch einmal gesagt: »Nichts wird die Chance auf ein Überleben auf der Erde so steigern wie der Schritt zur vegetarischen Ernährung.«

Doch solange wir durch ein Instrument wie beispielsweise die Meditation nicht gelernt haben, still zu sein, können wir die Wahrheit in unseren Herzen nicht hören. Dann sind wir abgelenkt vom Lärm der Welt, die uns weismachen will, es sei absolut in Ordnung, Fleisch zu essen. Ich selbst wäre nie Veganer geworden, hätte ich nicht zuerst mit dem Meditieren angefangen. Ohne die Meditation wäre ich noch heute ein Schaf, das blind den anderen folgt und sich damit selbst schadet. Die Meditation hat mir einerseits die Klarheit geschenkt zu sehen, dass ich Tieren kein Leid antun will, und andererseits das Selbstbewusstsein, nach dieser Erkenntnis zu handeln. Nach meinem Erwachen habe ich festgestellt, dass das »Schnitzelkoma« keine so gute Sache sein kann. Dass es einen Grund dafür geben musste, dass mein Körper nach dem Verzehr von Fleisch nicht mehr arbeiten wollte. Nach meinem Erwachen konnte ich die Verbindung zwischen den Rippchen und dem Tier, von dem sie stammten und das so furchtbar für mich gelitten hatte, herstellen.

Zum Glück wachte ich auf, bevor ich mir noch mehr schaden oder – schlimmer noch – meine schlechten Angewohnheiten an meine Kinder weitergeben konnte. Und ich hoffe, dass auch Sie nach der Lektüre dieses Kapitels aufwachen werden, sollten Sie noch immer Fleisch verzehren.

TIPPS ZUM ACHTSAMEN ESSEN

Ich weiß, dass Sie in einem Buch über Meditation bestimmt keine Predigt über den Verzehr von Fleisch erwartet haben, doch eines der schönsten Dinge an der Stille ist es, dass sie uns auf Themen in unserem Leben aufmerksam macht, denen wir sonst keine Beachtung geschenkt hätten.

Obwohl ich es mir zwar von Herzen wünsche, dass Sie und alle anderen Menschen auf der Welt Fleisch fortan vom Speiseplan streichen, bitte ich Sie zunächst nur darum, in Zukunft achtsamer zu essen. Je mehr Sie meditieren, desto achtsamer werden Sie im Laufe der Zeit von ganz alleine; nichtsdestotrotz gebe ich Ihnen nun einige Tipps, die Ihnen den Zugang zum achtsamen Essen erleichtern.

* Schalten Sie den Fernseher beim Essen aus, er lenkt uns am häufigsten vom achtsamen Essen ab. Wenn wir fernsehen, können wir uns kaum auf das, was wir essen, konzentrieren. Dann essen wir leicht viel mehr, als wir brauchen, und sind uns dessen noch nicht einmal bewusst.
* Setzen Sie sich beim Essen auch nicht vor den Computer. Noch vor rund zehn Jahren war das für kaum jemanden ein Problem, doch heute ist das Internet nach dem Fernseher sicherlich Ablenkungsursache Nummer zwei.
* Essen Sie nicht beim Autofahren. Egal, wie hungrig Sie sind, Sie werden auf dem Weg zu Ihrem Zielort sicherlich nicht verhungern. Auch wenn Sie sofort nach Ihrer Ankunft den Motor abstellen und etwas essen, ist dies noch ein achtsamerer Vorgang, als beim Fahren etwas in sich hineinzustopfen. Und ein sicherer obendrein.
* Versuchen Sie es einmal damit, in Stille zu essen. Das entspricht zwar nicht der landläufigen Meinung, zu einem guten Essen gehöre auch ein gutes Gespräch, fördert die Achtsamkeit aber enorm. Natürlich muss das nicht auf jede

Mahlzeit zutreffen, aber vielleicht schaffen Sie es ja mindestens einmal in der Woche. Statt mit jemandem zu sprechen, richten Sie Ihre ganze Aufmerksamkeit und Energie auf die Nahrung, die Sie Ihrem Körper schenken. Viele Menschen haben dies schon schätzen gelernt. Im Firmenhauptsitz von Google in Mountain View, Kalifornien, wird einmal im Monat ein einstündiges Mittagessen in Schweigen angeboten. »Interessanterweise nehmen vor allem die Techniker daran teil, was uns sehr freut«, so Olivia Wu, eine der Kantinenleiterinnen bei Google, gegenüber der *New York Times.* »Ich denke, das Schweigen beruhigt den Geist. Danach fühlen sie sich erfrischt und können wieder ihrer anstrengenden, hektischen Arbeit nachgehen.«

· Essen Sie langsam. Weil unser Terminkalender immer voller wird und die Zeit immer knapper zu werden scheint, ist es natürlich verlockend, beim Essen Gas zu geben. Vor allem bei den vielen Snacks »to go«. Doch statt das Sandwich oder den Hamburger hinunterzuschlingen, sollten Sie sich zum Essen einmal wirklich Zeit nehmen. Legen Sie Messer und Gabel nach jedem Bissen ab. Es ist Ihnen wahrscheinlich nicht bewusst, doch oft haben wir schon den nächsten Bissen in der Hand und den vorherigen noch nicht einmal richtig gekaut. Messer und Gabel auf den Teller zurückzulegen verlangsamt den Prozess erheblich. Und wenn Sie den Bissen normalerweise hinunterschlucken würden, kauen Sie ihn nun 15 *weitere* Male. Das fühlt sich zunächst etwas komisch an, führt aber letztlich zu einem viel langsameren, achtsameren Essen.

Achtsames Essen ist nicht nur die gesündeste Beziehung, die wir zu unseren Nahrungsmitteln haben können, es ist auch die lohnendste und schönste. Und das wissen wir nicht erst seit MB-EAT und Google, das wissen wir schon seit vielen Tausenden von

Jahren. Auch Buddha empfahl achtsames Essen als Pfad zur Zufriedenheit. »Hunger ist die schlimmste aller Krankheiten«, lehrte er, und: »Wahres Glück erwächst aus dem Ende der Begierde.«

UNSER ALLER GESUNDHEIT

Obwohl so renommierte Institutionen wie Harvard, die UCLA, das Massachusetts General Hospital, die Mayo Clinic und viele andere immer mehr Beweise dafür liefern, dass Meditation unsere Hirnstruktur positiv verändert und unsere Gesundheit insgesamt fördert, überhören Politiker dies gern, wenn sie sich über das schlechte amerikanische Gesundheitssystem beschweren. Doch wie viel Leid könnten wir lindern und wie viel Geld sparen, wenn die Meditation ein fester Bestandteil unserer Gesundheitsvorsorge wäre!

Dr. Benson, der vor über 30 Jahren die Harvard-Studie zu Schlaf und Meditation durchgeführt hat, hat ein großartiges Bild dafür gefunden, welche Rolle die Meditation in der Debatte um unser nationales Gesundheitssystem spielen könnte. Er vergleicht die medizinische Behandlung mit einem dreibeinigen Hocker: Ein Bein sind die Medikamente, das zweite operative Eingriffe und das dritte Wechselwirkungen zwischen Körper und Geist, auf die Methoden wie Meditation und Yoga einen positiven Einfluss haben. Doch als Gesellschaft konzentrieren wir uns lediglich auf die ersten beiden Beine. Wenn wir das dritte weiterhin außer Acht lassen, wird der Stuhl unweigerlich zu wackeln beginnen und unter uns zusammenbrechen.

Wir haben in diesem Land nicht genug Geld für gute Schulen und Unterkünfte, geben aber zig Millionen Dollar für arme Menschen – und zunehmend auch für die Mittelschicht – aus, die sich nicht krankenversichern können und zur Behandlung von Erkrankungen wie Bluthochdruck, Asthma, Lungenentzündungen, Durchblutungsstörungen und Migräne eine Notaufnahme aufsuchen müssen. Wie leicht könnten wir diese Menschen behandeln bzw. dafür sorgen, dass sie erst gar nicht krank werden, indem wir ihnen beibrächten zu meditieren. Das würde nur einen Bruchteil der Kosten verursachen und Gesundheit und Glück des gesamten Landes fördern.

Ich persönlich kann mich nicht erinnern, wann ich das letzte Mal eine Erkältung hatte. Das heißt natürlich nicht, dass ich nicht schon morgen eine bekommen könnte, doch es heißt sehr wohl, dass mein Nervensystem viel widerstandsfähiger geworden ist, seit ich mit dem Meditieren angefangen habe. Ich fliege ständig in der Welt herum, komme mitten in der Nacht in fremden Städten an und gehe in Hotels ein und aus – genau die Art Leben also, die einen normalerweise erschöpfen und schließlich krank machen würde. Doch ich habe mich nie gesünder gefühlt. Und das schreibe ich der Wirkung zu, die die Meditation auf mein Nervensystem hat.

Diese Erfahrung haben auch Mediziner und Wissenschaftler im ganzen Land gemacht. Einer Studie zufolge, die im vergangenen Jahr im *American Journal of Health Promotion* erschienen ist, hatten Menschen, die seit fünf Jahren Transzendentale Meditation praktizierten, in dieser Zeit rund 28 Prozent weniger Arztkosten. Angesichts der Tatsache, dass eine durchschnittliche vierköpfige Familie im Jahr etwa 19 000 Dollar für Arztbesuche und dergleichen ausgibt, sollte dies ein nicht geringer Ansporn sein, die Methode zu erlernen.

Und so möchte ich jeden fragen, der sich Sorgen um sein Gewicht, Sorgen wegen einer eventuellen Herzerkrankung oder wegen seiner steigenden Gesundheitsausgaben macht: Gibt es auch nur einen guten Grund, eine Methode nicht zu praktizieren, die einem nicht nur viel Geld spart, sondern potenziell auch das Leben rettet, wenn alles, was diese Methode erfordert, zwei Mal 20 Minuten Zeit am Tag sind, die man in Stille verbringt? Ich denke, nicht.

TEIL VIER

Das persönliche
Potenzial entfalten

KAPITEL 10

DIE MACHT
DER GEGENWART

Vor Kurzem habe ich mich auf einer Party mit einem berühmten Modedesigner unterhalten. Er fragte mich, wie ich all das unter einen Hut bekäme – meine verschiedenen Firmen, mein Engagement für mehrere Wohltätigkeitsorganisationen, mein Privatleben und natürlich die Anforderungen, die an mich als Vater gestellt werden.»Ich habe gehört, dass dir die Meditation sehr dabei hilft, Russell«, fuhr er fort.»Inwiefern? Was ist für dich der größte Nutzen der Meditation?«

»Hm, ganz einfach«, strahlte ich.»Sie hält mich tagsüber wach!«

Auf dem Gesicht meines Gegenübers zeichnete sich Verwirrung ab. Sollte das bedeuten, dass ich an Narkolepsie litt? Dass ich ohne Meditation am Schreibtisch einschlafen und in Meetings einfach wegdösen würde?

Wir wurden unterbrochen und konnten unser Gespräch an diesem Abend nicht fortsetzen, deshalb möchte ich jetzt die Gelegenheit nutzen, näher zu erläutern, was ich gemeint habe.

Als ich sagte, ich wolle tagsüber wach sein, sprach ich nicht von *physischer* Müdigkeit. Wäre das mein Problem, würde ich einfach mehr Kaffee trinken – was ich sehr selten tue – oder einen Energiedrink. Oder eine der weniger legalen stimulierenden Substanzen nehmen, die ich noch von früher kenne.

Nein, ich sprach davon, *präsent* zu sein.

Natürlich sind wir alle tagsüber mehr oder weniger physisch wach. Doch die wenigsten sind auch präsent.

Und diese Quelle der Präsenz ist es, der alles Positive, Kreative, Glückliche, Schöne und Liebevolle in unserem Leben entspringt.

Was genau bedeutet es, präsent zu sein? Es bedeutet, wirklich und wahrhaftig im Augenblick verwurzelt zu sein. Dort, wo die Ablenkungen und der Lärm der Welt verblassen und sich der Geist im Jetzt, nicht in der Vergangenheit oder in der Zukunft befindet.

Vielleicht kommen Ihnen Formulierungen wie »Augenblick« oder »im Jetzt« etwas esoterisch vor, und Sie denken: »Okay, Russell ist wieder auf seinem Zen-Trip.«

Doch tatsächlich hat präsent zu sein überhaupt nichts Esoterisches oder Mystisches an sich. Wir alle kennen diesen Zustand und erfahren ihn – hoffentlich – täglich.

Präsent zu sein bedeutet beispielsweise auch, über einen lustigen Witz zu lachen. Oder fasziniert dabei zuzuschauen, wie die Lieblingsfußballmannschaft das spielentscheidende Tor schießt. Oder sich so in ein Buch zu vertiefen, dass man die Welt um sich herum vergisst.

Dieses Gefühl kennen wir alle, auch wenn wir es nicht als präsent sein bezeichnet hätten. Wir alle wissen, wie es ist, so absolut in einer Tätigkeit aufzugehen, dass man die normalerweise doch so laute Hektik um sich herum nicht mehr wahrnimmt. Denn wenn unsere Lieblingsmannschaft das entscheidende Tor schießt, denken wir nicht an den Bericht, den wir nächste Woche beim Chef abliefern müssen. Wenn wir den fesselnden Thriller lesen, denken wir nicht an die Rechnungen, die wir noch bezahlen müssen. Wir genießen schlicht und einfach den Augenblick.

Ein anderes Beispiel: tanzen. Warum sind manche Menschen großartige Tänzer, während andere kaum den Takt halten können? Wir machen gern Witze darüber, dass Schwarze Musik im Blut haben und Weiße sich nicht zu bewegen wissen, aber das ist natürlich Blödsinn. Ich habe schon viele weiße Jungs gesehen, die den Dance Floor ordentlich aufgemischt haben, und viele schwarze, die ums Verrecken nicht tanzen konnten.

Was jemanden zu einem großartigen Tänzer macht, ist weder die Herkunft noch die Hautfarbe, es ist die Fähigkeit, präsent zu sein. Wenn sich jemand genau richtig zu einem Song bewegen kann, ist er eins mit der Musik. Er macht sich keine Gedanken darüber, was die Menschen um ihn herum von ihm halten könnten, er reagiert einzig auf die Töne, die er hört. Und wenn er wirklich ganz bei der Sache ist, bewegt er sich *zwischen* den Tönen. Jeder, der schon mal einen überragenden Tänzer gesehen hat, weiß, wovon ich spreche. Er bewegt sich nicht nur absolut synchron zu Bassline, Schlagzeug und Gitarren, er scheint sich auch zu Tönen in den *Pausen* zu bewegen. Wenn Michael Jackson seinen berühmten Kick machte, dann nicht auf den jeweiligen Beat, sondern *zwischen* den Beats. Er war auch eins mit der Musik. Wenn er tanzte, befand er sich völlig im Hier und Jetzt.

Und jetzt stellen Sie sich einmal vor, Sie wären eins mit dem *Leben,* ebenso wie Michael Jackson eins mit der Musik gewesen war. Oder so wie Sie sich fühlen, wenn Sie über einen richtig guten Komiker wie Chris Rock lachen.

Es muss nicht bei dieser Vorstellung bleiben. Wir alle verfügen in unserem tiefsten Inneren über diese Präsenz. Wir alle besitzen die Fähigkeit, ebenso präsent zu sein wie Jacko, wenn er tanzte, wie Michael Jordan, wenn er Basketball spielte, oder wie Chris Rock, wenn er auf der Bühne einen Witz erzählt.

Es ist tief in uns drin, wir sind nur allzu oft vom Lärm der Welt abgelenkt, um das zu erkennen. Doch wenn diese Ablenkungen verblassen, können wir die Sekunden, in denen wir präsent sind und über einen Witz lachen oder unseren Lieblingssong hören, *ausdehnen.* Dann fühlen wir uns nicht nur hin und wieder so, sondern den ganzen Tag lang, jeden Tag.

In diesem Teil des Buchs möchte ich Ihnen die unendlich vielen Möglichkeiten aufzeigen, die die Meditation uns bietet, unser ganzes Potenzial als Mensch und Individuum zu entfalten.

Mir ist andererseits aber auch klar, dass viele von Ihnen zu diesem Buch gegriffen haben, weil sie an meinem Erfolg in der Geschäftswelt teilhaben möchten. Deshalb zeige ich Ihnen nicht nur, wie Sie durch Meditation ausgeglichener, mitfühlender und weniger wertend und voreingenommen werden, sondern auch wie diese Eigenschaften Sie zu einem besseren Geschäftsmann machen können.

KAPITEL 11

DEN FOKUS FINDEN

Wie Sie nun schon wissen, gibt es viele gute Gründe, um zu meditieren. Doch bittet mich jemand, der noch nicht hundertprozentig von der Meditation überzeugt ist, um einen sehr praktischen Rat, dann sage ich immer:»Mithilfe der Meditation können wir mit halb so viel Anstrengung doppelt so viel schaffen.«

Denken Sie darüber einmal nach.

Stellen Sie sich vor, Sie wären tagein, tagaus doppelt so produktiv wie Ihre Kollegen. Sie könnten täglich doppelt so viele Berichte wie der Kollege im Büro nebenan lesen, Ihren Schülern doppelt so viel Unterrichtsstoff vermitteln, doppelt so viel Geschirr wie alle anderen in der Spülküche abspülen. Wie lange würde es dauern, bis Sie in Ihrer Firma, Ihrer Schule, Ihrem Restaurant befördert würden? Sicherlich nicht lange. Wenn jemand in meinem Unternehmen plötzlich doppelt so viel Arbeit in der Hälfte der Zeit schaffen würde, würde ich ganz bestimmt auf ihn aufmerksam.

Und ihn dafür belohnen.

Wenn es sich für Sie also attraktiv anhört, konzentrierter und produktiver arbeiten zu können, sollten Sie einen Blick auf die Studien werfen, die bestätigen, dass sich Menschen, die meditieren, viel länger auf eine Aufgabe konzentrieren können, als Menschen, die keine Meditation praktizieren.

Beispielsweise ist an der University of California/Santa Barbara kürzlich eine Studie zum Zusammenhang von Meditation und Prüfungsfähigkeiten durchgeführt worden; Prüfungen erfordern bekanntermaßen ja sehr viel Konzentration. Im Rahmen dieser Studie sollten Studenten an der sogenannten Graduate Record Examination (GRE) teilnehmen, einem standardisierten Test zur Aufnahme in US-amerikanische Hochschulen. Anschließend teilte man die Studenten in zwei Gruppen ein: Die eine absolvierte einen ausgiebigen Meditationskurs, während die andere einen ebenso ausgiebigen Kurs über Ernährung belegte.

Nach zwei Unterrichtswochen sollten beide Gruppen die GRE noch einmal machen. Während die Ernährungsgruppe keine Verbesserungen zeigte, stieg bei der Meditationsgruppe die Punktzahl in den mündlichen Prüfungen von 460 auf 520. Zudem zeigten sich bei dieser Gruppe Fortschritte bei verschiedenen Gedächtnis- und Konzentrationstests.

Wer die GRE oder eine vergleichbare Prüfung wie etwa den Scholastic Assessment Test (SAT) einmal gemacht hat, weiß, was eine Verbesserung von 60 Punkten bedeutet – nämlich die Art Fortschritt, für den die meisten Menschen Tausende von Dollar in Nachhilfe investieren.

In ganz ähnlicher Weise haben Wissenschaftler der George Mason University und der University of Illinois vor Kurzem untersucht, ob die Meditation die Konzentrationsfähigkeit von Studenten fördert, sodass diese einen größeren Nutzen aus den besuchten Vorlesungen ziehen. Man fand heraus, dass Studenten, die vor der Vorlesung meditierten, bei einem Test nach der Vorlesung besser abschnitten als Studenten, die nicht meditiert hatten. »Ergebnisse aus dieser Studie legen nahe, dass die Meditation Studenten mit Konzentrationsschwierigkeiten helfen könnte«, so einer der Wissenschaftler, Professor Robert Youmans von der George Mason University.

Eine weitere Studie, kürzlich unter dem Titel »Intensive Meditation Training Improves Perceptual Discrimination and Sustained Attention« (»Intensives Meditationstraining verbessert die differenzierte Wahrnehmung und lang anhaltende Aufmerksamkeit«) in der Fachzeitschrift *Psychological Science* veröffentlicht, kommt zu ganz ähnlichen Ergebnissen. In dieser Studie untersuchten die Wissenschaftler zwei Gruppen – eine hatte man in Meditation unterrichtet, die andere nicht – hinsichtlich ihrer Fähigkeit, sich auf eine Aufgabe zu konzentrieren, bei der sie kleine Unterschiede an bestimmten Dingen wahrnehmen mussten. Und wieder – Überraschung! – schnitt die Meditationsgruppe erheblich besser ab. Den Forschern zufolge hielten diese Verbesserungen sogar noch »fünf Monate nach dem Kurs an, vorausgesetzt, die Probanden meditierten weiter täglich«.

Und es sind nicht nur Wissenschaftler, die behaupten, die Meditation steigere die Konzentrationsfähigkeit – viele Unternehmensführer sind zu demselben Schluss gekommen. Neulich wurde ich in einem Artikel der Zeitschrift *Business Insider* erwähnt, in dem es um Führungskräfte ging, die auf Meditation schwören. Mir fiel auf, dass alle Unternehmensführer immer wieder zwei Wörter benutzten: »Fokus« und »Klarheit«. Robert Stiller, der Gründer von Green Mountain Coffee, sagte: »Wer regelmäßig meditiert, ist in Meetings viel effektiver. Die Meditation fördert die Konzentrations- und die Leistungsfähigkeit.«

Steve Rubin, der ehemalige Leiter von United Fuels International, sagte, er habe dank der Meditation »die geistige Klarheit und die Wachheit, sich sowohl messerscharf auf die Details zu konzentrieren als auch zu einem breiteren Verständnis der Zusammenhänge zu gelangen«.

Viele Führungskräfte sprachen auch davon, dass ihnen die Meditation dabei hilft, bessere Entscheidungen zu treffen. Ro-

Ich bin fest davon überzeugt, dass in nicht allzu ferner Zukunft immer mehr Firmen die Meditation zu einem Teil ihrer »offiziellen« Unternehmenskultur machen werden. Meine gute Freundin Arianna Huffington, die, was Trends angeht, immer die Nase vorn hat, bietet ihren Mitarbeitern bei der *Huffington Post* und AOL seit Kurzem Meditationskurse an. Warum? »Stressreduzierung und Achtsamkeit machen uns nicht nur glücklicher und gesünder, sie sind erwiesenermaßen auch ein Wettbewerbsvorteil für Unternehmen, die nach einem suchen«, erläuterte sie.

Nun, die meisten Unternehmen – oder zumindest die erfolgreichen – suchen immer nach Wettbewerbsvorteilen; es würde mich also nicht wundern, wenn sie Ariannas Rat folgten (was sie häufig tun) ...

ger Berkowitz, der Geschäftsführer von Legal Sea Foods, sagte: »Manchmal schlage ich mich vor der Meditation mit einem Problem herum, dessen Lösung nach der Meditation klar auf der Hand liegt.« Und Ramani Ayer, ehemaliger Vorstandsvorsitzender und Leiter von Hartford, einem Finanzdienstleister, merkte an: »Ich kann durch die Meditation klarere, effektivere Entscheidungen im Beruf treffen.«

Ich habe in meiner eigenen Karriere ähnliche Erfahrungen gemacht. Wenn ich fokussiert und konzentriert bin, fühle ich mich von einer scheinbar komplexen Situation nicht überfordert, sondern sehe sie klar und deutlich vor mir. Was dazu führt, dass ich eine Entscheidung treffe, die sich in der Regel als die richtige entpuppt. Ich kann mich beispielsweise noch daran erinnern, als RushCard in dem Jahr nach einem 15-Millionen-Dollar-Umsatzjahr plötzlich überhaupt keinen Umsatz mehr machte. Eine vorübergehende Flaute, doch viele wollten mir weismachen, die Firma sei tot. Freunde, Steuerberater, leitende Angestellte – alle rieten mir dazu, die Reißleine zu ziehen. RushCard hatte sich tatsächlich verändert, aber ich war wild entschlossen, mich von der allgemeinen Panikmache nicht anstecken zu lassen.

Stattdessen warf ich einen objektiven, unsentimentalen Blick auf die Situation und entschied, die Firma sei nicht tot, sie habe nur ein Stadium erreicht, in dem sie sich weiterentwickeln musste. Statt RushCard abzuwickeln, steckte ich noch *mehr* Geld in die Firma. Statt sie zu zerstückeln, reinvestierte ich in ihr Kernstück und hauchte ihr neues Leben ein. Es funktionierte. Im nächsten Jahr machte sie wieder Umsatz, und all die Schwarzmaler taten so, als hätten sie mir nie etwas anderes geraten.

Doch ohne den Fokus und die Ruhe, die ich in der Meditation finde, hätte ich es nie geschafft, über all die Unkenrufe hinwegzuhören und das noch vorhandene Potenzial der Firma zu erkennen. Der christliche Yogi Yogananda schrieb einmal: »Alle erfolgreichen Männer und Frauen widmen der Tiefenkonzentration viel Zeit. Sie können tief in ihren Geist eintauchen, wo sie die Perlen der richtigen Lösungen für die anstehenden Probleme finden.«

Ich finde es sehr aufschlussreich, dass das einzige Buch, das Steve Jobs sich je auf sein iPad heruntergeladen hat, Yoganandas *Autobiographie eines Yogi* war. In der Bestsellerbiografie, die Walter Isaacson über Jobs geschrieben hat, steht, dass Yoganandas Buch »der Meditations- und Spiritualitätsführer war, den er das erste Mal als Teenager und dann erneut in Indien gelesen hatte und den er seitdem einmal im Jahr las«.

Kein Unternehmer hat mittels Technologie mehr Menschen zusammengebracht als Steve Jobs – und welches Buch las er jedes Jahr wieder?

Ein Buch über Stille und Meditation.

Das Wunderbare an der Meditation ist, dass Ihnen die »Perlen« bei regelmäßigem Üben nicht nur während des Übens in den Schoß fallen, sondern auch sonst immer wieder. Vielleicht auf eine eher subtile Weise. Sie müssen sich also nicht hinsetzen und angestrengt darüber nachdenken, ob Sie den neuen Job annehmen oder die neue Beziehung eingehen sollen. Es kann durchaus auch beim Autofahren oder beim Kochen vorkommen, dass Ihnen eine leise Stimme die Antwort auf die Frage zuflüstert, die Sie so sehr beschäftigt hat. Möglicherweise sagt diese Stimme: »Richtig, der Job bringt mehr Geld, aber du hast wegen der Firma kein gutes Gefühl. Du magst ihr Produkt nicht, und der Kerl, der dein Chef sein wird, ist dir unsympathisch. Lehn ab!« Und wenn Sie diese Stimme hören, wissen Sie, dass Sie Ihre »Perle« gefunden haben. Auch wenn der Gedanke daran, das Angebot abzulehnen, Sie ängstigt – »Angenommen, ich finde nie wieder einen so gut bezahlten Job? Was, wenn ich Nein sage und in einem halben Jahr die Kündigung bekomme?« –, hat die ruhige, konzentrierte Stimme mehr Autorität als die Angst. Und so wissen Sie, dass Nein die richtige Entscheidung ist.

Wie Yogananda schon sagte, ist die Fähigkeit der Tiefenkonzentration ein Kennzeichen erfolgreicher Menschen – und im Zeitalter des Internets zu einer Notwendigkeit geworden. Verstehen Sie mich nicht falsch. Ich *liebe* das Internet und die sozialen Netzwerke. In vielerlei Hinsicht ähneln die Stärken des Internets und der neuen Technologie einigen Stärken der Meditation: Sie bringen Menschen zusammen und erinnern uns an die Dinge, die wir gemeinsam haben. Der Hauptgrund für meine Webseite www.globalgrind.com ist meine Überzeugung, dass das Internet Menschen über die kulturellen Barrieren hilft, die vorherige Generationen zurückgehalten haben.

Es gibt eine gesunde Beziehung zwischen der Stille in uns und der Technologie, die uns mit anderen verbindet, doch nur, wenn wir diese Stille auch wirklich kultivieren. Andernfalls ist die Technologie so übermächtig, dass sie Stille und Fokus ertränkt.

Es ist schon erstaunlich, dass man via Twitter heute eine Massendemonstration in Ägypten live miterleben kann. Es kann uns aber auch enorm ablenken, uns Bilder von dem, was unsere Freunde gerade essen, anzusehen oder zu lesen, was gerade in einer Realityshow passiert. Viele Informationen, die uns die sozialen Netzwerke vermitteln, sind nichts als Lärm, ein konstantes Rauschen, das unseren Fokus verschwimmen lässt.

Und wenn ich ehrlich bin, muss ich mich da an die eigene Nase fassen. Ich denke zwar, dass meine Tweets und Postings auf Facebook Informationen enthalten, die dazu beitragen, Menschen zusammenzubringen – doch sie tragen sicherlich auch zum Lärm bei.

Problematisch ist das, weil dieser Lärm abhängig machen kann. Wie oft haben Sie schon über eine Idee nachgedacht und, als es schwierig wurde, plötzlich den unwiderstehlichen Drang verspürt, Ihre Mails zu checken oder sich auf Facebook einzuloggen? Statt die Konzentration aufrechtzuerhalten und an dem Problem zu arbeiten, auf das Sie gerade gestoßen sind, geben Sie sich der willkommenen Ablenkung Ihres Smartphones hin.

Das kann man in privaten und gesellschaftlichen Situationen ebenso beobachten. Haben Sie sich auch schon einmal auf einer Party umgesehen und das Gefühl gehabt, die Hälfte der Leute starre nur auf das Handy? Sogar auf der Tanzfläche? Natürlich antworten sie nicht auf eine dringende Mail. Sie sind nur einfach schüchtern und fühlen sich in der öffentlichen Situation etwas unwohl. Doch statt die Unbehaglichkeit zu überwinden, auf einen Fremden zuzugehen und ein Gespräch zu beginnen oder einfach nur für sich allein zu tanzen, suchen sie Zuflucht in der Zerstreuung des Smartphones.

Aber genau das ist es, was uns im Leben wirklich voran-
bringen kann: unsere Unbeholfenheit und Schüchternheit
überwinden, auf Fremde zugehen und sie in ein Gespräch verwickeln. Dabei treffen Sie vielleicht Ihren zukünftigen Ehemann oder den Unternehmer, der in Ihre Firma investieren
will. Vielleicht gewinnen Sie auch »nur« einen neuen Freund.

Diese Verbindungen knüpfen Sie allerdings nicht, wenn Sie
auf einer Party nur auf Ihr Handy starren. Sie knüpfen sie, wenn
Sie sich in Ihrer Haut wohl genug fühlen, um eine Chance zu
ergreifen und einen Schritt auf jemanden zuzugehen. Und wann
fühlen Sie sich wohl in Ihrer Haut und haben Selbstvertrauen?
Wenn Sie regelmäßig meditieren.

KAPITEL 12

ERFOLGSDRUCK UND
ANGST VORM SCHEITERN

Eine größere Konzentrationsfähigkeit ist nicht der einzige Vorteil, den die Meditation für Ihre Karriere mit sich bringt. Sie hilft Ihnen auch dabei, auf einer philosophischen Ebene mit einem weitverbreiteten Missverständnis aufzuräumen: dem Glauben, unser Leben sei durch unsere »Erfolge« und »Misserfolge« definiert.

Wenn Sie mir auf Facebook oder Twitter folgen, wissen Sie bereits, dass eines meiner Lieblingszitate aus der *Bhagavad Gita,* einer der zentralen Schriften des Hinduismus, lautet: »Du hast nur die Kontrolle über deine Arbeit, nicht über die Früchte derselben.«

Es gibt viele verschiedene Möglichkeiten, diese Passage zu interpretieren, für mich bedeutete sie immer etwa so viel wie: »Mach dir keine Gedanken mehr darüber, wie viel Geld (Früchte) deine Arbeit einbringen wird, sondern konzentriere dich stattdessen auf die Arbeit selbst.« Wer sich ganz dem Prozess des Arbeitens widmet, statt sich auf die Ergebnisse zu konzentrieren, ist nicht nur zufriedener, sondern macht seinen Job auch besser.

Natürlich ist das leichter gesagt als getan, insbesondere in einer Kultur, die so viel Wert auf Erfolg (die Früchte) legt und das Scheitern (das Fehlen der Früchte) verurteilt, sich zum eigentlichen Prozess, der diese Früchte hervorbringt, aber kaum äußert.

Und hier kommt wieder die Meditation ins Spiel. Wenn Sie sich die 20 Minuten Zeit nehmen, ruhig werden und Ablenkungen ausblenden, erkennen Sie leichter, dass Ihnen der Weg selbst und nicht das Ziel zum ersehnten Glück verhilft.

Ich erkenne beim Meditieren, dass das, was mich glücklich macht, nicht ein fetter Scheck oder ein neues Spielzeug ist, sondern die kreativen Möglichkeiten, mit denen ich anderen Menschen dabei helfen kann, ihre Träume zu verwirklichen. Das hört sich vielleicht etwas kitschig an, ist aber die Wahrheit. Und das war schon immer so bei mir. Ich kam zum Hip-Hop, weil ich anderen Menschen dieselbe Freude schenken wollte, die ich empfunden habe, als ich das erste Mal jemanden rappen hörte. Ich wollte den Rappern dabei helfen, ein neues Publikum zu erreichen, und ich wollte dem Publikum, das den Hip-Hop bislang nicht kannte, zu dieser Art von Musik verhelfen.

Ich habe meine Karriere in der Musikbranche immer von dem Standpunkt aus gesehen, anderen dabei zu helfen, ihr Talent sichtbar zu machen. Ob ich mit Run-DMC, LL Cool J oder Public Enemy arbeitete – ich konzentrierte mich jeden Morgen darauf, ihre Reichweite zu vergrößern und ihr Talent bekannter zu machen.

Die Stolpersteine in meiner Karriere waren die Momente, in denen ich dieses Gebot aus den Augen verlor und nur noch die Ergebnisse im Blick hatte. Wenn ich mich mehr dafür interessierte, was ein bestimmtes Projekt finanziell wert war, statt dafür, ob es mir auch wirklich Spaß machte, daran zu arbeiten.

Die Meditation erinnert mich Tag für Tag daran, mich wieder der Arbeit selbst, dem Prozess, dem Weg zu widmen. Wenn es mir beispielsweise Spaß macht, an neuen Entwürfen für ein Modelabel zu feilen, macht es mich schon glücklich, wenn ich die Gelegenheit dazu habe. Ob sich die Mode dann als Verkaufsschlager oder Ladenhüter erweist, spielt kaum eine Rolle. Denn ich weiß: Konzentriere ich mich ganz darauf, die Kleidung herzustellen, die ich liebe, wird diese Liebe letztlich ansteckend sein und auch andere Menschen von dem, was ich tue, überzeugen.

Die Meditation lindert die Angst und die Sorge, die immer mit »Erfolg« und »Scheitern« einhergehen. Viele hören es nicht gern, doch tatsächlich ist das »Scheitern« ein wichtiger Bestandteil unserer Weiterentwicklung; es hilft uns dabei, in dem, was wir tun, wirklich gut zu werden.

Um noch einmal Steve Jobs als Beispiel aufzugreifen: Wir assoziieren heute mit ihm eine der größten Erfolgsgeschichten aller Zeiten, und sehen ihn als den Mann, der Apple zu einer der meistbewunderten Marken der Welt gemacht hat. Und obwohl er diesen Ruf zweifelsohne verdient hat, galt er tatsächlich nicht immer als erfolgreich. Ja, er erlebte gewaltigen Erfolg, nachdem er anfangs dabei geholfen hatte, Apple auf die Beine zu stellen; doch ebenso wenig lässt sich leugnen, dass er ein paar Jahre später mit Glanz und Gloria aus der Firma geworfen wurde. Danach war er in den Augen der Technikwelt ein »Versager«, einer, der es versemmelt hatte.

Das Gefühl, »versagt« zu haben, hätte eine Menge Leute entmutigt – doch nicht Steve. Er konzentrierte sich weiterhin auf den Weg – in seinem Fall auf seine Leidenschaft, neue Möglichkeiten der Kommunikation zu finden – und schaffte es so schließlich, den Ruf des »Versagers« wieder abzustreifen.

In einer berühmten Rede, die er 2005 an der Stanford University hielt, erklärte er, dass das öffentliche »Scheitern« in vielerlei Hinsicht eigentlich ein Segen sei. »Dass Apple mich gefeuert hatte, sollte sich als das Beste herausstellen, das mir je passieren konnte«, so Steve. »Der Druck des Erfolgs verwandelte sich in die Leichtigkeit, sich wieder als Anfänger bezeichnen zu

Steve Jobs wird uns ganz zu Recht als einer der größten Innovatoren seiner Generation in Erinnerung bleiben. Umso interessanter ist es, dass ein Großteil seiner Philosophie und seiner Ansätze in der uralten Praktik der Meditation wurzelt. Seinem Biografen Walter Isaacson gegenüber äußerte er einmal: »Wenn man einfach nur dasitzt und beobachtet, wird einem schnell klar, wie unruhig der Geist ist. Wenn man versucht, ihn zu beruhigen, macht das zunächst alles nur noch schlimmer – bis man es eines Tages tatsächlich schafft. Und wenn man es geschafft hat, ist plötzlich Platz für subtilere Dinge. Dann erblüht die Intuition; man sieht die Dinge viel klarer und ist viel mehr im Hier und Jetzt. Der Geist kommt zur Ruhe, und der Augenblick dehnt sich ins Endlose aus. Man sieht so viel mehr als vorher. Das lässt sich erlernen; man muss es üben.«

dürfen … Das befreite mich und ebnete mir den Weg zu einer der kreativsten Schaffensperioden in meinem ganzen Leben.«

Was Steves Erbe angeht, so wurden die meisten Dinge, bei denen wir heute an ihn denken – iPod, iPhone und iPad – geschaffen, *nachdem* man ihn als »Versager« tituliert hatte.

Ich bin davon überzeugt, dass ihm die Meditation bei der Konzentration auf den Arbeitsprozess geholfen hat. Sie nahm ihm nicht nur den Druck, erfolgreich sein zu müssen, sondern auch den Druck, der ihn belastet haben muss, nachdem er als »Versager« stigmatisiert worden war. Denn im Grunde besteht dieser Druck aus nichts anderem als Sorge und Angst.

Mir selbst ist dieser Druck nicht unbekannt. Rückblickend muss ich sagen, dass ich mir über *alles,* was mit meinen Geschäften zu tun hatte, den Kopf zerbrach. In der Öffentlichkeit spielte ich die Rolle des Sorglosen, der auf Partys gehen und

Spaß haben wollte. Doch in mir drin sah es ganz anders aus. Da war Chaos. Ich quälte mich bei jeder geschäftlichen Entscheidung, die ich treffen musste.

Ich weiß noch, wie der Zweifel an mir nagte, als die Entscheidung anstand, Def Jam Recordings zu verkaufen. Man bot mir 40 Millionen Dollar – eine unvorstellbare Summe, doch ich empfand nur eins: Angst. Ich grübelte Tag und Nacht. Sollte ich die Firma verkaufen? Stimmte der Preis? Sollte ich ein paar Wochen warten und versuchen, einen besseren Preis herauszuschlagen? Wollte man mich über den Tisch ziehen? Und wenn ich verkaufte – was sollte ich dann tun? Die Fragen hallten in einer 24-Stunden-Endlosschleife durch meinen Kopf. Ich hätte mich umgeben von Models in einen Club setzen können – die wohl gängigste Vorstellung von jemandem, der »es geschafft hat« –, doch hinsichtlich meines emotionalen Zustands war ich wahrscheinlich gerade der ärmste Hund auf Erden.

Letztlich entschied ich mich dafür, nicht zu verkaufen, auch wenn alle um mich herum mich für komplett übergeschnappt hielten, so viel Geld abzulehnen. Meine allererste intuitive Reaktion auf das Angebot war, dass es einfach nicht der richtige Zeitpunkt war, und trotz all der Selbstquälerei stellte sich heraus, dass das Gefühl gestimmt hatte. Wie es fast immer der Fall ist. Nur 18 Monate später bekam ich ein weiteres Angebot – dieses Mal für 112 Millionen –, das ich annahm.

Allerdings waren es bei Weitem nicht immer so wichtige Entscheidungen wie der Verkauf einer Firma. Damals machte ich mir die ganze Zeit Gedanken über das »Scheitern« und das »Versagen« und ließ mich so vom eigentlichen Arbeitsprozess ablenken. Mitte der 1980er-Jahre produzierte ich die Platte einer R-&-B-Gruppe – Blue Magic –, die ich einfach liebte. Sie war zwar nicht jung und hip wie Run-DMC oder Public Enemy, doch ich war mir sicher, dass sie die Welt mit ihrer wunderschönen Musik verzaubern würde. Als das Album herauskam, erntete es fantastische Kritiken, wurde aber »nur« von den altmodischen Radiosendern gespielt. In meinen Augen war das ein großer Misserfolg. Eine brandneue Platte und schon »altmodisch«? Ich war niedergeschlagen, als sei das Album durchgefallen.

Im Grunde hätte ich damals stolz sein können, etwas so Schönem auf die Beine geholfen zu haben, das mein Herz so tief berührt hatte. Stattdessen tat ich mir selbst leid. Zum ersten Mal in meiner Karriere hatte ich mich für etwas eingesetzt, von dem ich glaubte, damit die Welt begeistern zu können – und die Welt weigerte sich einfach, begeistert zu sein! Der Druck dieses vermeintlichen Misserfolgs hat mich im Prinzip davon abgehalten, je wieder eine Platte mit Blue Magic zu machen und ihrer wunderbaren Musik zu der Anerkennung zu verhelfen, die sie verdient hat.

Heute mache ich mir dank der Meditation keine Gedanken mehr darüber, ob die Welt meine Vision unmittelbar mit mir teilt oder nicht. Ich zermartere mir nicht mehr dauernd das Hirn darüber, ob ich in der jeweiligen Situation etwas richtig oder falsch mache, und habe das unvermeidliche Auf und Ab als notwendigen Teil meiner Reise akzeptiert.

Wenn es sich richtig anfühlt, eine Firma zu behalten, verkaufe ich nicht; wenn es meine Leidenschaft ist, Platten zu produzieren, produziere ich sie, egal, ob die Welt spontan positiv darauf reagiert oder nicht.

Davor war mein Leben eine tägliche Achterbahnfahrt. Standen meine Aktien gut, jauchzte ich himmelhoch, standen sie nicht gut, war ich zu Tode betrübt. Heute gehe ich meine Arbeit von einem viel ruhigeren Standpunkt aus an. Egal, wie die Aktien stehen, mein Puls bleibt gleich.

Allerdings will ich auch nicht verschweigen, dass diese Ruhe meine Geschäftspartner außerordentlich irritieren kann. Sie

Ich kenne kaum jemanden, der über die Jahre so gut den Kurs gehalten hätte wie Oprah Winfrey. Was auch immer um sie herum geschieht, was auch immer gerade wieder über sie gesagt wird – Oprah richtet ihren Fokus messerscharf auf ihre Vision. Deshalb überrascht mich auch nicht im Geringsten, was Oprah über ihre erste Meditation vor mehreren Jahren sagte: »Danach fühlte ich mich viel ausgefüllter als vorher. Voller Hoffnung, voller Zufriedenheit, voller tiefer Freude. In dem sicheren Wissen, dass es in all dem Irrsinn, mit dem wir tagtäglich bombardiert werden, immer die Beständigkeit der Stille gibt. Und nur von diesem Standpunkt aus kann man brillieren – in der Arbeit ebenso wie im Leben.«

sind es gewohnt, dass Menschen in meiner Position ordentlich einen draufmachen, wenn ein Projekt gut läuft, und sehr, sehr wütend werden, wenn es nicht gut läuft. Wenn ich aber an eine Idee glaube, dann bleibe ich auch dabei, ob sie sich nun auf Anhieb bezahlt macht oder nicht. Dann kann das Geschäft jahrelang ein Defizit erzeugen – das macht mir nichts aus, solange die Arbeit mich befriedigt.

Neulich hat mich mein Steuerberater beiseite genommen und in sehr ernstem Ton zu mir gesagt: »Russell, wenn du dein Geld weiterhin in all diese Unternehmungen investierst, bist du in ein paar Jahren pleite.«

Mir ist klar, dass das eine ernüchternde, vielleicht sogar Angst machende Ankündigung hatte sein sollen, doch wenn sie mir überhaupt Sorgen bereitet hatte, dann nur flüchtig.

Sobald diese Sorge meinen Kopf verlassen hatte, erinnerte ich mich daran, dass ich mein Geld nur für Dinge ausgebe, die Spaß machen. Für den Bau von Yogastudios. Für die Verbreitung der Hip-Hop-Kultur. Für die Förderung künstlerischen Ausdrucks in meiner Fernseh- und Filmgesellschaft. Für die Förderung des ethnischen Miteinanders. Wie sollte ich mir darüber weiter Sorgen machen? Sollten mich diese Unternehmungen tatsächlich pleitegehen lassen, wird mir schon etwas einfallen, wenn es so weit ist. Vielleicht gehe ich nach Indien und lasse mich zum Yogalehrer ausbilden. Aber wie gesagt: Darum kümmere ich mich, wenn es so weit ist. Ich habe meinen Geist so konditioniert, dass er sich nicht in Sorgen verwickeln lässt, auch wenn meinem Steuerberater das vielleicht lieber wäre.

Genau diese Art von ruhigem Zugang ist es, warum ich all meinen Mitarbeitern die Meditation empfehle. Einer, der dieser Empfehlung sofort gefolgt ist und die Meditation seitdem nicht mehr missen möchte, ist mein leitender Geschäftsführer Osman Eralp. Zu Beginn unserer gemeinsamen Arbeit war Osman wirklich sehr ängstlich und voller Sorgen. Was auch immer wir vorhatten, er war besorgt. Vom Mehrere-Millionen-Dollar-Investment bis zur Farbe der Bürowände, Osman steigerte sich hinein.

Heute ist er dank täglicher Meditation viel ruhiger geworden. Statt sich von jedem Szenario, das ihm durch den Kopf geistert, in Panik versetzen zu lassen, wartet er ab, bis sich die Gedanken gesetzt haben, und handelt dann erst.

Diese Fähigkeit ist für jemanden wie Osman besonders wichtig, denn sein wahres Talent ist die Kreativität. Und wer kreativ und fantasievoll ist, hat den Kopf immer voller Ideen. Einige davon sind genial, der Großteil aber ist – pardon! – Müll. Die Frage ist nun, wie man es schafft, nicht auf jede Idee anzuspringen, sondern sich stattdessen auf die wirklich gehaltvollen Ideen zu konzentrieren.

Wie immer lautet die Antwort: durch die Meditation. Weshalb ich die Methode eben auch allen meinen Mitarbeitern empfehle. Denn was ist besser: ein Unternehmen, in dem die Mitarbeiter emotional ständig Achterbahn fahren und die Korken knallen lassen, sobald etwas »einschlägt«, aber ebenso schnell in Panik geraten, wenn etwas scheinbar schiefläuft? Oder ein Unternehmen, in dem die Mitarbeiter ausgeglichen sind und bedächtig vorgehen und in dem es ihnen schon Genugtuung bereitet, einfach ihrer Arbeit nachzugehen? Meine Antwort darauf kennen Sie.

Einen anderen Unternehmer, der ähnlich denkt, habe ich bereits erwähnt: Ray Dalio, der Gründer eines der größten Hedgefonds der Welt. In seiner Unternehmensphilosophie legt Ray sehr viel Wert darauf, dass seine Mitarbeiter offen über Probleme sprechen dürfen, ohne sich Gedanken darüber machen zu müssen, ob sie »recht haben« oder nicht. Ray glaubt – und ich stimme ihm voll zu –, dass ein solcher echter Informations- und Ideenaustausch viel wertvoller ist, als von Ja-Sagern umgeben zu sein, die sich nicht trauen, das auszusprechen, was sie wirklich denken. Oder, schlimmer noch, die nur das sagen, was man ihrer Meinung nach von ihnen hören will.

In einem Interview mit der Academy of Achievement erläuterte Ray, er schätze es, von Menschen, die die Meditation praktizieren, umgeben zu sein, weil die Methode »die Fähigkeit fördert, anderer Meinung, dabei aber nicht emotional befangen zu sein. Fähig zu sein, über Stärken und Schwächen zu sprechen. Sich von den Schwächen zu lösen und sie objektiv zu betrachten ist eine großartige und mächtige Fähigkeit.«

Ray fügte hinzu, dass in seinem Unternehmen zwar sehr viele Mitarbeiter meditieren, aber nicht alle. »Der Unterschied zwischen ihnen ist sehr groß.« Wie ich bei Osman stellte auch Ray fest, wie viel freier die Mitarbeiter agieren, wenn sie nicht mehr aus Angst und Sorge heraus handeln. Statt auszuflippen oder sich zu fürchten, etwas falsch zu machen, »führen sie offene, rücksichtsvolle Gespräche, um die richtigen Antworten zu finden«. Und, so Ray weiter, diese Ruhe ist nicht nur gut fürs Geschäft: »Diese Klarheit wird sich als das hilfreichste Geschenk an die Menschheit erweisen.«

RUHE UND
AUSGEGLICHENHEIT FINDEN

Bislang haben wir uns damit beschäftigt, wie die Meditation dabei helfen kann, Ängstlichkeit und Sorgen hinsichtlich der Arbeit bzw. der Karriere zu überwinden. Doch die Ruhe und die Ausgeglichenheit, die die Methode mit sich bringt, erstrecken sich auch auf alle Aspekte Ihres Lebens.

Diese Ausgeglichenheit wird von vielen Menschen, die die Meditation praktizieren, insbesondere von Buddhisten, als Zustand des »Gleichmuts« bezeichnet. Darunter versteht man die geistige Gelassenheit, auch und vor allem unter Stress.

Ich habe erst wirklich begriffen, was Gleichmut bedeutet, als ich einige Zeit mit Buddhisten verbrachte – den Zustand selbst kannte ich allerdings schon lange davor. Was Buddhisten Gleichmut nennen, nannte ich cool sein. Und im Grunde bedeuten beide Begriffe tatsächlich dasselbe.

Als Kind waren die coolsten Typen für mich Filmstars wie Richard Roundtree aus *Shaft* oder Ron O'Neal aus *Superfly*. Für die Kids heute wäre es wahrscheinlich Jay Z, der genau diese Coolness, die Ausgeglichenheit und Gelassenheit besitzt, was auch immer um ihn herum geschieht. Jay ist vielleicht der coolste Typ, der mir je begegnet ist, und das nicht nur, weil er Millionen von Alben verkauft hat und mit Beyoncé verheiratet ist – obwohl das natürlich nicht schadet. Wer auch nur einmal

Wer je das Buch *Die Farbe Lila* gelesen hat, weiß, was für eine wundervolle Schriftstellerin Alice Walker ist. In einem Artikel für die *New York Times* verriet sie, dass ihr Erfolg als Schriftstellerin viel mit der Ausgeglichenheit und Gelassenheit zu tun hat, die ihr die Meditation schenkt: »Die Meditation ist mir ein treuer Freund. Sie hat mir beim Schreiben meiner Bücher geholfen. Ohne sie wäre *Sie hüten das Geheimnis des Glücks* nie zustande gekommen, ebenso wenig wie *Im Tempel meines Herzens*. *Die Farbe Lila* verdankt ihren Humor und ihre Verspieltheit zu einem großen Teil der Gelassenheit des Geistes, die sich einstellte, als ich begann, täglich regelmäßig zu meditieren.«

fünf Minuten in Jays Nähe verbracht hat, weiß, dass er auch ohne all diesen weltlichen Erfolg cool ist.

Ich glaube, Jay ist durch nichts aus der Fassung zu bringen, weil er im Augenblick lebt, sei es im Tonstudio, auf der Straße, in der Vorstandsetage oder auf der Bühne. Um ihn herum flippen die Leute aus, fotografieren, schlagen ihm auf die Schulter, schreien seinen Namen – doch Jay bleibt cool. Er ist immer mit dem, was in seinem eigenen Kopf stattfindet, verbunden und zufrieden.

Jay praktiziert die Meditation mit Leib und Seele. In seinem berühmten Song »Can I Live«, in dem es um die »Höhen und Tiefen [und] Hoffnungen« sowohl auf der Straße als auch als Rapper geht, heißt es, der Wendepunkt kam, als er »einen Schritt weiter ging und wie ein Buddhist meditierte«.

Die Meditation ermöglicht Ihnen den Zugang zu diesem coolen Typen (oder Mädel), der in Ihnen schlummert und darauf wartet, zum Vorschein kommen zu dürfen. Sie können dadurch »cool wie Jay Z« werden – etwas von dem Sie wissen, dass es in Ihnen steckt, das bisher aber immer knapp außerhalb Ihrer Reichweite lag.

Sie sind vielleicht nicht mit Beyoncé verheiratet und verkaufen auch nicht Millionen von Platten, doch mit der Meditation werden Sie den Teil Ihrer selbst entfalten, der auf andere so anziehend wirkt. Den Teil, der Sie optimistisch in die Welt blicken lässt. Der Sie ohne Frust und Angst auf Ihre Ziele zusteuern lässt. So werden Sie zu dem coolen Typen, der es draufhat und der den Durchblick bewahrt, auch wenn alles um ihn herum in Kopflosigkeit verfällt. Oder das coole Mädel, das von allen bewundert wird und das das Beste in anderen zum Vorschein bringt.

Alles, was Sie dafür tun müssen, ist loslassen – nämlich die Angst und die Sorgen, die sich in Ihrem Kopf angestaut haben. Ich weiß, dass sich das sehr schwierig anhört, doch glauben Sie mir: Die Meditation macht es möglich.

Das bedeutet nicht, dass die Meditation den Grund Ihrer Ängste und Sorgen beseitigt. Wenn Sie sich beispielsweise Sorgen um Ihre Ehe machen, wird die Meditation Ihre Beziehung nicht auf wundersame Weise kitten. Wenn Sie sich Sorgen um Ihren Job machen, wird die Meditation Ihnen keine Beförderung bescheren. Und so sehr ich mir das auch wünschen würde, bringt die Meditation Ihnen auch keinen geliebten Menschen zurück, der gestorben ist.

Was die Meditation jedoch tut, ist, Sie aus dem Sorgengewirr rund um Ihre Ehe, Ihren Job oder sogar die Trauer zu befreien – so unwahrscheinlich das auch klingen mag. Bei der Meditation lernen Sie, die Gedanken als solche bestehen zu lassen, ohne sich allzu sehr in sie zu verstricken.

Das ist besonders wichtig bei negativen Gedanken, die jeder von uns jeden Tag hat – manche sogar den ganzen Tag lang. Dr. Philippe Goldin zufolge, dem Leiter des Labors für Clinically Applied Affective Neuroscience in Stanford, kann die

Meditation unseren Umgang mit diesen negativen Gedanken beeinflussen. In seinen Studien hat Dr. Goldin herausgefunden, dass die häufigste Reaktion auf solche Gedanken entweder darin besteht, sie beiseitezuschieben oder in einer Endlosschleife über sie nachzugrübeln.

Das kennen wir alle aus eigener Erfahrung. Geschieht etwas scheinbar Schlimmes, denken wir entweder gar nicht oder geradezu obsessiv darüber nach. Entweder versuchen wir es zu ignorieren oder wir laufen herum, als hinge eine dicke, schwarze Gewitterwolke über uns. Doch leider löst weder das eine noch das andere das Problem. Das Ergebnis ist immer dasselbe: Angst und Sorge machen sich breit.

Die Meditation bietet Ihnen eine völlig andere Möglichkeit, mit Ihren Ängsten und Sorgen umzugehen. Sie erkennen an, was gerade in Ihrem Leben geschieht, leugnen es also nicht, können dann aber weiterziehen, statt sich ständig im Kreis zu drehen. Dies ist tatsächlich die gesündeste Art, sein Leben zu leben. Oder, wie Dr. Goldin es ausdrückt: »Das Ziel der Meditation besteht nicht darin, Gedanken oder Gefühle loszuwerden. Im Gegenteil: Durch die Meditation werden wir uns unserer Gedanken und Gefühle bewusster, und wir lernen, durch sie hindurch zu navigieren, anstatt an ihnen Schiffbruch zu erleiden.«

Das trifft allerdings nicht nur auf negative Situationen, sondern auch auf positive Gedanken und Gefühle zu. Denn auch in diesen Situationen können wir uns verfangen, das habe ich oft genug gesehen und selbst erlebt. Das ist vor allem vielen Rappern passiert, mit denen ich gearbeitet habe. Sie unterschreiben einen neuen Vertrag oder bekommen eine goldene Schallplatte und wollen dann »feiern« – indem sie sich ein neues Auto kaufen oder Tausende von Dollar auf eine Stripperin in einem Club herabregnen lassen. Doch nachdem sie ein paar Tage in dem neuen Wagen herumgefahren oder am Morgen nach einer heißen Clubnacht aufgewacht sind, fühlen sie sich nur leer.

Das haben mir ein paar der Jungs oft genug gestanden, und es klang fast immer wie eine seltsame Entschuldigung, als wüssten sie nicht, was sie falsch gemacht haben: »Russell, irgendetwas stimmt nicht mit mir. Ich habe für mich und meine Kumpels alle möglichen Sachen gekauft, und dann haben wir die Clubs unsicher gemacht. Doch glücklich war ich danach nicht.« Ich versuche dann immer, ihnen zu erklären, dass sie sich zu sehr in diesem Hochgefühl verstrickt haben. Was einen als Künstler wirklich glücklich macht, sind weder neue Autos noch knallende Sektkorken. Es ist die wunderbare Musik, die man anderen Menschen schenkt. Als Künstler wird man am glücklichsten sein, wenn man im Studio einen neuen Song schreibt, nicht wenn man feiert, wie oft sich dieser Song anschließend verkauft hat.

Ob es sich also um ein glückliches oder trauriges Gefühl handelt – es ist wichtig, nicht daran haften zu bleiben, um den Zustand des Gleichmuts zu erreichen. Natürlich müssen wir uns nun nicht alle in Mr. Spock verwandeln, dem jede menschliche Emotion fremd ist (okay, das Beispiel verrät jetzt wohl, wie alt ich bin …). Aber je mehr es uns gelingt, unsere Emotionen wahrzunehmen, sie anzuerkennen und sie dann loszulassen, desto weniger Sorgen werden wir uns machen und desto freier werden wir uns fühlen.

Ich habe in dieser Hinsicht wirklich Glück gehabt. Vielleicht bin ich einfach so gestrickt, vielleicht liegt es auch am Beispiel meiner Eltern – ich weiß es wirklich nicht –, aber ich war nie der Typ, der sich mit Sorgen unnötig belastet. Über geschäftliche Dinge habe ich zwar oft nachgegrübelt, doch alles in allem bin ich ein unerschütterlicher Optimist.

Doch wie viele Menschen gerate auch ich mit zunehmendem Alter immer mehr in Situationen, die mich potenziell ängstigen oder traurig machen. Ich habe beide Eltern verloren, beiden stand ich sehr nahe. Ich habe eine Scheidung hinter mir. Ich musste zusehen, wie mein Bruder an einer Depression erkrankte. Ich habe Unmengen von Geld verloren. Manche meiner Firmen sind pleitegegangen. Man hat mich arrogant und vor Kurzem sogar einen »Onkel Tom« genannt.

Ich habe Jahre und Millionen von Dollar in soziale Initiativen wie die Schulreform, die Gefängnisreform und die Drogengesetzreform investiert und mich für Lesben und Schwule sowie gegen den Islamhass eingesetzt – alles Probleme, die die afroamerikanische Gemeinschaft direkt betreffen.

Doch als auf meiner neuen Internetplattform, ADD, eine zugegebenermaßen wenig durchdachte Parodie auf Harriet Tubman – die bekannteste afroamerikanische Fluchthelferin von Sklaven Mitte des 19. Jahrhunderts – erschien, wurde ich dafür zu Recht im Internet getadelt. Ich entschuldigte mich zwar, hinsichtlich der tiefer liegenden Implikationen des Videos nicht sensibel genug gewesen zu sein, aber da war der Shitstorm schon in vollem Gange.

Der Gedanke daran, so viele Menschen beleidigt, verletzt und enttäuscht zu haben, lastete schwer auf mir. Was also lag näher, als mich in Sorgen zu verstricken und bei der neuen Plattform den Stecker zu ziehen, bevor sie überhaupt richtig begonnen hatte? Doch das tat ich nicht.

Und das verdanke ich der Meditation. Ohne sie hätten mich die Sorgen schließlich aus dem Gleichgewicht gebracht. Vielleicht bei meiner Scheidung. Vielleicht bei der Harriet-Tubman-Sache. Vielleicht beim Verlust eines Elternteils. Oder vielleicht beim Feiern eines sogenannten Erfolgs. Doch dank der Meditation habe ich mein Gleichgewicht nicht verloren.

Ein letztes Beispiel: Als Barack Obama das erste Mal für die Präsidentschaft kandidierte, setzte ich mich sehr stark für ihn ein. Ich spendete Geld, reiste im Land herum, um Werbung für ihn zu machen, telefonierte und tat überhaupt alles, um die Hip-Hop-Gemeinde zur Wahl zu bewegen. In der Wahlnacht ging ich auf eine Party seiner Anhänger, und als klar wurde, dass er die Wahl tatsächlich gewinnen würde, flippten um mich herum alle aus. Die Leute bestellten doppelte Tequilas, tanzten auf den Tischen und lagen einander weinend in den Armen.

Und was tat ich? Ich ging nach Hause. Nicht weil ich mich nicht für Obama gefreut hätte – ich freute mich sogar sehr –, sondern weil ich bezüglich meiner Arbeit immer unaufgeregt bin. Ja, ich habe in die Wahl Obamas ungeheuer viel Arbeit gesteckt, doch wenn Senator McCain gewonnen hätte, wäre ich auch nicht schluchzend zusammengebrochen. Nein, hätte McCain gewonnen, hätte ich am nächsten Morgen die Ärmel hochgekrempelt und mich an die Arbeit gemacht – mir Mittel und Wege ausgedacht, wie ich ihn in den Punkten, in denen unsere Meinungen voneinander abwichen, hätte umstimmen können. Ich hatte sogar schon einen Brief an ihn angefangen und Stellung zu diesen Punkten genommen, nur für den Fall, dass Obama nicht gewann.

Manche mögen das für kalt oder opportunistisch halten, doch das ist es nicht. Es geht schlicht darum, sich nicht in einer bestimmten Emotion zu verfangen. Wer überglücklich ist, wenn er gewinnt, ist zweifelsohne auch todtraurig, wenn er verliert. Im Leben sind sowohl Erfolge als auch Niederlagen unvermeidlich. Worauf es ankommt, ist, sie beide gleich zu behandeln. Und das schaffen wir durch die Meditation.

Wenn ich mich manchmal »früh« von einer Party verabschiede oder es freundlich ablehne, noch eine Runde mitzutrinken, fragt man mich hin und wieder: »Russell, vermisst du das Feiern nicht? Willst du das Leben nicht genießen?«

Dann antworte ich, dass ich absolut *gar nichts* vermisse. Was ich suche, ist eine *ständige* Zufriedenheit. Ich fühle mich lieber die ganze Zeit ausgeglichen und friedvoll als nur dann, wenn etwas »Gutes« geschieht. Der Gleichmut, den ich in der Meditation finde, macht mich wahrhaft glücklich.

Einige meiner Freunde haben mich sogar gefragt: »Wenn du durch die Meditation weniger emotional auf bestimmte Situationen reagierst, fühlst du dich dann nicht weniger lebendig?« Meine Antwort darauf ist jedes Mal ein entschiedenes: »Nein!«

Ich kann heute mit fast 60 im Brustton der Überzeugung von mir behaupten, dass ich ein wirklich glücklicher Mensch bin. Und das ist wunderbar. Schwebe ich dauernd auf Wolke sieben? Sicher nicht. Gibt es Augenblicke, in denen ich mich besonders lebendig fühle? Aber ja! Und je mehr ich meditiere, desto öfter gibt es diese Augenblicke.

Manchmal fühle ich mich nach der Meditation *ungeheuer* lebendig. Manchmal bin ich danach so glücklich, dass mir Freudentränen die Wangen hinunterlaufen. Kein noch so guter und starker Morgenkaffee der Welt könnte da mithalten! Eine wirklich erstaunliche Erfahrung.

Eine Erfahrung, die uns die Meditation ermöglicht. Denken Sie immer daran, dass *Sie* entscheiden, wie Sie auf Ihre Gedanken reagieren. Nicht umgekehrt. *Sie* haben es in der Hand, wie Sie die Welt wahrnehmen und ihr entgegentreten. Sie haben diese Macht. Sie müssen sie nur beherrschen lernen.

KAPITEL 14

KREATIVITÄT WECKEN

Je älter wir werden, desto mehr neigen wir dazu, Kreativität zu unterschätzen. Als sei Kreativität ein Luxus, den wir uns zwar als Kind leisten konnten, für den wir nun, da wir uns um »Angelegenheiten für Erwachsene« kümmern, aber keine Zeit mehr haben – keine Zeit mehr, um im Land der Fantasie zu spielen.

Natürlich ist genau das Gegenteil wahr. Je älter wir werden, desto kritischer werden wir beäugt, wenn wir die Quellen unserer angeborenen Kreativität anzapfen. Dabei ist es diese Kreativität, der all unsere guten Ideen entspringen.

Stellen Sie sich vor, Sie sind ein Landwirt und müssen sich zum Anbau der neuen Ernte zwischen zwei Feldern entscheiden. Das eine Feld ist voller Steine, Dornengestrüpp, alter Zweige, Kaninchenlöcher und Gerümpel, was Ihnen die Arbeit sehr erschweren wird. Das andere Feld besteht aus reiner, unverdorbener, fruchtbarer Erde.

Welches Feld würden Sie bepflanzen wollen? Das zweite, stimmt's?

Mit Ihrem Geist ist es nicht anders. Ist er voller Gerümpel, lässt sich darin schwer etwas Brauchbares anpflanzen. Und selbst wenn etwas wächst, werden Sie es in dem Durcheinander kaum finden.

Wenn Sie jedoch zur Ruhe kommen, gleicht Ihr Geist dem zweiten, aufgeräumten Feld. Bei guter Pflege wird es sich als ausgesprochen fruchtbar erweisen. Oder, wie ich in *Super Rich* geschrieben habe: »Die Stille ist der Boden, auf dem die Fantasie gedeiht und auf dem unsere Ideen zu beachtlicher Größe heranwachsen können. Die Ernte, die dieser Boden hervorbringt, kann uns ein Leben lang nähren.«

Mit anderen Worten: Ein ruhiger Geist ist ein kreativer Geist. Und ein kreativer Geist wird Ihnen großen Erfolg im Leben bescheren.

Dazu ein Beispiel. In den vielen Jahren, die ich nun schon in der Unterhaltungsbranche tätig bin, sind mir einige erstaunliche Künstler begegnet, insbesondere einige der größten Rapper aller Zeiten. Nun mag Rappen nicht gerade eine Kunstform sein, die man gemeinhin mit Ruhe und Stille assoziieren würde, doch glauben Sie mir: Ob LL Cool J, Chuck D, Biggie Smalls oder Jay Z, sie alle haben eines gemeinsam – die Fähigkeit, aus der Stille heraus zu handeln. Viele Rapper haben ebenso hart gearbeitet wie diese Jungs, aber nur wenige konnten ihre Kreativität so anzapfen wie sie.

Wenn sie am Mikro stehen und loslegen, blenden sie alle Ablenkungen aus und tauchen in ihr Innerstes ein. Und falls Sie nie ein Tonstudio besucht haben: Dort gibt es eine Menge Ablenkungen! Rapper und Rockstars haben bei der Arbeit generell gerne viele Leute um sich, und so wimmelt es im Studio von Produzenten, Technikern, Managern, Freunden, Groupies, Journalisten und hin und wieder sogar Drogendealern. Da ist es eher verwunderlich, dass sich der Künstler überhaupt auf die Musik konzentrieren kann.

Die Großen allerdings gehen in diesen Ablenkungen nie unter. Vor allem Biggies Fähigkeit, konzentriert zu bleiben, ist geradezu legendär. Um ihn herum konnte passieren, was da wollte – es wurden Getränke gereicht, Tüten gerollt, Leute hingen ihm wegen verschiedener Projekte am Ohr –, er saß mit geschlossenen Augen in einem Sessel und schien das ganze

Rick Rubin ist nicht nur einer der größten Musikproduzen-
ten unserer Zeit, er ist auch einer meiner besten Freunde.
Gemeinsam haben wir Def Jam Recordings gegründet und
viele wundervolle Augenblicke erlebt, als wir der Welt den
Hip-Hop näherbrachten. Rick hat ein unglaubliches Ohr – er
hört Schönheit und Potenzial, wo andere gar nichts hören.
Als wir das erste Mal in ein Demoband von Public Enemy
reinhörten, hielt ich ehrlich gesagt nicht viel von der Musik.
»Klingt wie schwarzes Punkrockzeug«, sagte ich. Rick war
ganz anderer Meinung: »Russell, das ist super, wir müssen
die unter Vertrag nehmen.« Natürlich hatte Rick recht gehabt.

Außerdem reicht sein Ohr weit über Hip-Hop hinaus. Rick
hat das Potenzial von Musikern gehört, die unterschiedlicher
nicht sein könnten, von Johnny Cash über Slayer bis zu den
Red Hot Chili Peppers. Und ich glaube fest daran, dass
einer der Hauptgründe dafür, dass er sich als Produzent mit
den Stimmen so vieler Künstler identifizieren kann, die Meditation ist.

Rick meditiert schon, seit er ein kleiner Junge war, sein
Kinderarzt hat es ihm empfohlen. Er hat die Methode zwar
nicht durchgehend praktiziert, kehrt aber immer wieder zu
ihr zurück.

Kurz vor Abschluss dieses Buchs schrieb ich Rick eine
Mail und bat ihn um einen Kommentar zur Meditation und
wie sie ihm geholfen hat. Noch am selben Tag kam diese
Antwort: »In der Meditation erfahren wir die Stille, der alle
Kreativität entspringt. Der Akt des Erschaffens – sei es von
einer leeren Seite zu einem Gedicht, von einem leeren Raum
zu einem Gebäude oder von einem Gedanken zu einem
Song oder einem Film – beginnt immer mit dem Nichts. Je

Chaos noch nicht einmal zu bemerken. Das war seine Art, sich mit der Stille in seinem Inneren zu verbinden, damit er sich hinterher am Mikro keinerlei Gedanken darüber machte, wie die letzte Platte gelaufen war oder wie diese nach ihrem Erscheinen laufen würde. War es Zeit für seinen Song, war er nicht nur eins mit der Musik in seinem Kopfhörer, sondern auch mit der Poesie in seinem Herzen. Auf sehr ähnliche Weise können Künstler wie Jay Z oder Lil Wayne heute ganze Songs kreieren, ohne je auch nur ein Wort davon zu Papier zu bringen. Durch dieses völlige Einssein mit der Musik haben sie Zugang zu diesem ganz bestimmten Raum, der nur den Großen offensteht.

Das scheint zunächst keine so große Sache zu sein, doch ich habe viele Künstler erlebt, denen es nicht gelungen ist, sich nicht ablenken zu lassen. Und wenn sie dann in der Aufnahmekabine stehen und ihre Kunst ausüben sollen, sind sie mit den Gedanken ganz woanders. Klar rappen sie zum Beat, aber sie sind nicht *eins* mit ihm.

Ich selbst bin zwar nicht annähernd so kreativ wie Biggie oder irgendeiner der anderen Rapper, von denen ich gerade gesprochen habe, aber als ich die Klassiker von Run-DMC wie »Rock Box« oder »Jam Master Jay« produziert habe, war es in mir drin vollkommen still. Den Ausdruck hätte ich damals vermutlich nicht benutzt, doch er beschreibt den Zustand am besten.

Die Geschichte, wie ich in einem Tonstudio in Manhattan ausgestreckt auf dem Boden lag und mir die letzte Abmischung von »Rock Box« anhörte, habe ich schon oft erzählt. Ich hatte das Gefühl, die Welt würde stillstehen und die Musik liefe in Zeitlupe ab. Ich konnte jedes noch so feine Detail des Songs hören, die Melodie wirkte irgendwie *lebendig.* Ich war eins mit dem, was da aus den Lautsprechern drang. Es war wie Magie.

Ich dachte weder an das, was zu diesem Moment geführt hatte, noch an das, was nach dem Erscheinen des Songs geschehen würde. Da war nur dieser Beat, dieses Gitarrenriff, der kraftvolle Gesang von Run-DMC. Es bestand kein Zweifel daran, woran noch gefeilt werden musste und was nicht angerührt werden durfte. Abgesehen von der Geburt meiner Kinder hatte ich nie ein solches Glück empfunden, war nie so völlig im Augenblick aufgegangen.

Die meisten Menschen glauben, dass sie diese Art von kreativen Momenten nicht herbeiführen könnten. Selbst wenn sie eine gute Idee haben, schreiben sie sie einem »Geistesblitz« zu, als wäre sie ein Unfall oder ein glücklicher Zufall.

Doch der Zugang zu unseren guten Ideen hängt keineswegs vom Glück oder Zufall ab. Sie waren immer schon da, Sie konnten sie zwischen all dem Gerümpel in Ihrem Kopf nur nicht finden. Die Meditation hilft Ihnen beim geistigen Entrümpeln und beim Finden der guten Ideen.

Wie? Stellen Sie sich Ihren Geist wie eine dieser Schneekugeln vor, mit denen Sie als Kind wahrscheinlich gern gespielt haben. Wird sie geschüttelt, wird der Schnee aufgewirbelt und verdeckt, was sich sonst noch in der Kugel befindet. Stellt man sie jedoch ganz ruhig hin, legt sich das Schneegestöber mit der Zeit und enthüllt, was die Kugel enthält.

Dasselbe geschieht mit Ihrem Geist, wenn Sie ihn mithilfe der Meditation still werden lassen. Alle Ablenkungen setzen

Oberflächlich betrachtet scheinen sie nicht viel gemeinsam zu haben, doch tatsächlich besteht zwischen Rappen und Meditieren eine enge Verbindung. Wie bereits erwähnt, sprach beispielsweise Jay Z von der Meditation in seinen Reimen, ebenso wie Lil Wayne, T. I. und RZA. Vor einigen Jahren bin ich mit RZA und dem Shaolin-mönch Shi Yan Ming für die Zeitschrift *Yoga Journal* inter-viewt worden; Letzterer sagte, er halte das, was Wu Tang Clan am Mikro taten, für nichts Geringeres als Meditation. »Wenn die Menschen tanzen und Hip-Hop hören, sind sie glücklich. Auch das ist Meditation. In seinen Songs benutzt RZA Philosophie, um anderen zu helfen. Er schenkt ihnen die Meditation«, so Meister Ming.

sich gewissermaßen am Boden ab, und Sie sehen das Wesentliche in Ihrem Kopf klar und deutlich.

Ich habe vor Kurzem an einer Veranstaltung der David Lynch Foundation teilgenommen, auf der der Komiker Russell Brand sagte, er sei davon überzeugt, die Meditation würde ihn reich machen (oder in seinem Fall: noch reicher): »Ich hatte während der Meditation eine Idee, die wahrscheinlich Millionen von Dollar wert ist.«

Ich weiß genau, wovon Russell gesprochen hat. Ich habe das Gefühl, fast jedes Mal beim Meditieren eine großartige Idee für meine Fernseh- oder Filmgesellschaft oder mein neues Musiklabel zu haben. Statt abgelenkt zu werden, kann ich mir die Ideen wie durch ein kristallklares Prisma ansehen und mich absolut darauf konzentrieren. Tatsächlich hatte ich auch die Idee, eine Fernseh- und Filmgesellschaft zu gründen, genau dann: beim Meditieren. Und ich bin mir sicher, dass jeder, der die Methode praktiziert, ähnliche Erfahrungen gemacht hat.

»Ich war an zwei Schauspielschulen, doch ich habe von der Meditation und meinem Kampfkunstlehrer mehr über das Schauspielern gelernt als dort.«

– Forest Whitaker

Vielleicht war keine Millionen-Dollar-Idee darunter, doch sicherlich eine von großem Wert, sei dieser nun monetär oder nicht. Und ebenso wie die Konzentration nicht auf die 20 Minuten der eigentlichen Meditation beschränkt ist, weitet sich auch die Kreativität auf Ihr ganzes Leben aus. Russell mag seine Idee gehabt haben, als er still dasaß, doch er fühlt sich sicherlich den ganzen Tag über kreativer, seit er mit der Meditation begonnen hat.

So jedenfalls ist es bei mir. Und ich bin bei Weitem nicht der Einzige. Es gibt unzählige hochbegabte Schauspieler, Musiker, Regisseure und Komiker, die hinsichtlich ihrer Kreativität alle auf die Meditation schwören. Judd Apatow. Sheryl Crow. Clint Eastwood. Jeff Garlin. Jeff Goldblum. India. Arie. Hugh Jackman. Lenny Kravitz. George Lucas. David Lynch. Madonna. Paul McCartney. Eva Mendes. Rosie O'Donnell. Gwyneth Paltrow. Martin Scorsese. Jerry Seinfeld. Howard Stern. Forest Whitaker.

Diese Menschen haben alle einen anderen Hintergrund und üben die verschiedensten Künste. Doch sie alle werden durch das Band der Meditation geeint. Durch sie hören sie den neuen Song in ihrem Kopf oder haben die Szene, die sie filmen wollen, vor Augen; durch sie fällt ihnen der Witz ein, mit dem sie ihr Publikum zum Lachen bringen möchten.

Auch Ihnen steht die Quelle der Kreativität zur Verfügung, aus der Jerry Seinfeld schöpft, wenn er sich neue Witze ausdenkt, aus der Lenny Kravitz schöpft, wenn er einen neuen Song schreibt, aus der Forest Whitaker schöpft, wenn er eine Szene spielt.

Alles, was Sie dafür brauchen, ist Stille.

KAPITEL 15

SICH BEFREIEN

Einer der unglücklichsten Irrtümer, denen viele Menschen hinsichtlich ihres Lebens aufsitzen, ist die Vorstellung, in einer bestimmten Situation gefangen zu sein. Sei es bei der Arbeit, in einer Beziehung oder sogar an einem konkreten Ort: Sie haben das Gefühl von Hilf- und Ausweglosigkeit.

Tatsache jedoch ist, dass *niemand*, unabhängig von seiner Herkunft oder persönlichen Geschichte, irgendwo feststeckt – außer im eigenen Kopf.

Auch zu dieser Erkenntnis verhilft uns die Meditation. Sie befreit uns aus dem emotionalen Treibsand, der uns scheinbar nach unten zieht und erstickt, und lässt uns wieder leicht und frei unserer Wege gehen.

In den zweimal 20 Minuten Stille am Tag wird uns bewusst, dass die Bereiche unseres Lebens, die wir für unveränderlich, irreparabel oder zumindest unangenehm gehalten haben, dies keineswegs sind. Sie besitzen nur die Macht, die Sie ihnen zugestehen.

Wenn Sie sich vom Lärm ablenken lassen, ist es leicht, in immer dieselben Gedankenmuster zu verfallen, etwa »So bin ich eben« oder »Gut, ich bin nicht perfekt, aber wer ist das schon? Die Leute müssen das akzeptieren«.

Wenn Sie sich jedoch täglich in die Stille begeben, wird es immer schwieriger, die Bereiche Ihrer Umgebung zu ignorieren, die Sie nicht mögen oder die Ihnen unangenehm sind. Irgendwann erkennen Sie dann, dass es einfacher ist, diese Bereiche Ihres Lebens zu ändern, als den Teufelskreis der negativen Gedanken fortzuführen.

Und wenn wir ehrlich sind, kennen wir diesen Teufelskreis alle. In dem wir denselben Mist unaufhörlich wiederholen, obwohl er uns nicht im Geringsten glücklich macht. Glauben Sie mir: Ich weiß genau, wovon ich spreche.

Ich fand es eigentlich nie wirklich toll, high zu sein – aber wie oft fand ich mich um vier Uhr morgens mit einem »Woolly Blunt« – einer Mischung aus Gras und Kokain – wieder? Dann wankte ich gegen zehn Uhr morgens nach Hause, wachte nachmittags wieder auf, fühlte mich furchtbar und schwor, endlich mit dem Mist aufzuhören und mein Leben auf die Reihe zu bekommen. Und schließlich saß ich zwei Nächte später um vier Uhr morgens wieder da und rauchte einen Blunt oder zog mir eine Linie.

In puncto Frauen war das nicht anders. Ich war schwer hinter ihnen her, aber noch schneller wieder weg, wenn ich meine »Beute« erlegt hatte.

Das war ein ungeheuer egoistisches Verhalten, und ich hasste mich selbst dafür, dass ein anderer Mensch leiden musste, nur weil ich meine Triebe nicht unter Kontrolle hatte.

Heute verhalte ich mich in Beziehungen viel weniger selbstsüchtig. Dennoch muss ich zugeben, dass mir das Ausbrechen aus diesem Teufelskreis am schwersten fiel. Ein wenig tröstet es mich, dass man auch von Buddha sagt, sein letztes und größtes Problem sei die Überwindung fleischlicher Gelüste gewesen. Natürlich habe ich auch heute noch Bedürfnisse – vertraue aber auf den Pfad, den ich mithilfe der Meditation eingeschlagen habe. Ich vertraue darauf, dass ich zwar von Zeit zu Zeit stolpere, den rechten Pfad dabei aber nie verlasse. Ich fühle mich in meinen Teufelskreisen nicht mehr *gefangen*.

Ihr Problem ist vielleicht weder Sex noch sind es Drogen oder zu viel Alkohol. Bei Ihnen sind es vielleicht zu viele Süßigkeiten. Oder zu viele und zu teure Klamotten. Vielleicht kommen Sie aber auch über einen Verlust nicht hinweg oder machen sich ständig Sorgen über die Zukunft. Was immer es auch sein mag: Sie müssen in Ihrem Verhalten, das Ihnen und möglicherweise auch anderen schadet, nicht stecken bleiben.

Sie können die Kontrolle über Ihr Leben erlangen, indem Sie die Kontrolle über Ihren Geist *wiedererlangen* – mithilfe der Meditation. Ich kann es noch hundert Mal anders formulieren, doch im Grunde geht es in diesem Buch darum, wie Sie wieder Herr Ihres Lebens werden und das tun, was Sie tun wollen.

Die Macht, die Ihnen die Meditation verleiht, befreit Sie auch von dem, was Sie scheinbar davon abhält, Ihre Träume zu verwirklichen.

Arbeiten Sie beispielsweise wirklich hart, haben aber das Gefühl, beruflich nur Wasser zu treten? Wie sehr Sie sich auch anstrengen, Sie kommen einfach nicht vom Fleck?

Dann liegt dies vielleicht daran, dass Sie diese Anstrengung nicht auf Ihre wahre Berufung verwenden. Statt auf Ihre Träume zu hören, hören Sie vielleicht nur auf den Lärm der Welt, der Sie umgibt.

Vielleicht ist es die Stimme Ihrer Eltern, die sagt: »Geh an die juristische Fakultät«, obwohl Sie sich nichts sehnlicher wünschen, als Maler zu werden. Oder die Stimme Ihres Onkels: »Du musst den Bürojob annehmen, den ich dir verschaffen kann. Das ist ein guter, sicherer Job, mit der Gewerkschaft im Rücken.« Während Sie schon immer davon geträumt haben, ein Tonstudio zu eröffnen. Vielleicht sind es sogar die Jungs, mit denen Sie abhängen, die Ihnen sagen: »Komm schon, du musst uns dabei helfen, Crack zu verkaufen. Wie sonst willst

145

du jemals einen Haufen Geld verdienen?« Und dabei wollten Sie immer schon an die juristische Fakultät!

Wer sich auf seinem Weg durchs Leben ablenken lässt, hört nur noch diese Stimmen, die die Stimme der Träume übertönen. Doch wer meditiert, vernimmt die Stimme der Träume klar und deutlich und hat das Selbstvertrauen, ihr zu folgen, wohin auch immer sie führen mag.

Dafür bin ich selbst das beste Beispiel. Im vergangenen Jahr habe ich mein Leben sowohl beruflich als auch anderweitig komplett umgekrempelt. Ich habe fast mein ganzes Leben lang in New York City gewohnt; ein New Yorker zu sein war ein fundamentaler Teil meiner Identität. Dort hatten meine Unternehmen ihre Wurzeln. Dort leben meine Brüder. Dort habe ich mich immer am wohlsten gefühlt.

Doch als ich eines Morgens in meinem New Yorker Apartment saß und meditierte, wurde mir plötzlich klar, dass ich eine Veränderung brauchte. Zuerst war es nur eine leise Stimme in meinem Kopf, die im Laufe einiger Monate jedoch zu einem wahren Chor anschwoll. Bis ich sie nicht mehr ignorieren konnte.

Die Stimme sagte mir, ich solle meine Wohnungen in New York verkaufen, die meisten meiner Büros schließen und nach Los Angeles ziehen.

Der Hauptgrund für den Umzug war, dass meine Kinder in LA leben, denen ich näher sein wollte. Doch abgesehen davon wollte ich auch beruflich etwas Neues ausprobieren. Hollywood und der Einfluss, den die Filmindustrie auf unsere Kultur ausübt, faszinierten mich schon immer; also beschloss ich, alles in eine Waagschale zu werfen und abzuwarten, was passieren würde. Und während ich jetzt hier sitze und schreibe, habe ich mit den neuen Film- und Fernsehprojekten bei All Def Digital schon große Erfolge mit Menschen wie Chris Conte und Jay Stein gefeiert. Ich bin eigentlich in einer Lebensphase, in der manche bereits mit dem Ruhestand liebäugeln, doch ich fühle mich genauso energiegeladen wie vor 30 Jahren. Oder, wie ich gerne sage:»Neuer Scheiß hält mich jung.«

Ich kenne allerdings auch jede Menge Leute in ähnlichen Situationen, die diesen Schritt nicht gehen könnten. Nicht, weil sie nichts Neues ausprobieren und ihr Leben ein wenig durchrütteln wollten, sondern weil sie das Gefühl haben, in ihrer Entwicklung stehen geblieben zu sein. Ein 50 Jahre alter Anwalt, der in den letzten 20 Jahren immer für ein und dieselbe Firma in Boston tätig gewesen ist, kann sich nicht vorstellen, ein 51 Jahre alter Maler in Seattle zu sein. Oder ein Gastronom in New Orleans. Er hat eine bestimmte Sichtweise von sich, von der er sich durch nichts abbringen lässt. Ob ihn das nun glücklich macht oder nicht.

Ich kenne auch viele Menschen, die unglaublich erfolgreich sind, aber trotzdem gern noch einmal von vorn anfangen würden – wenn sie angesichts einer Veränderung nur nicht so ängstlich und voller Sorge wären.

Sie könnten sich in der Übergangsphase zwar durchaus finanziell über Wasser halten – die meisten der Menschen, von denen ich hier spreche, sind Multimillionäre, die jahrelang ohne ein festes Einkommen überleben könnten –, haben aber Angst, die Routine zu durchbrechen, die sie sich im Laufe der Zeit angewöhnt haben.

Ihr Selbstbild ist so eng mit ihrer Rolle in der Firma, beim Plattenlabel oder in irgendeinem anderen Unternehmen verknüpft, dass sie sich dafür entscheiden, die Stimme in ihrem Inneren zu ignorieren, die ihnen sagt, dass sie das, was sie tun, längst nicht mehr mit Leidenschaft tun.

Würden sie jedoch jeden Tag meditieren, würde sich diese Angst in relativ kurzer Zeit in Luft auflösen, da bin ich mir sicher. Statt nur die vermeintlichen Fallstricke und Hindernisse, die mit Veränderungen einhergehen, wahrzunehmen, bekämen sie einen klaren Blick auf die aufregenden Möglichkeiten, die ihnen damit zur Verfügung stünden.

Wer jeden Tag meditiert, kann sich mit dem, was er wirklich fühlt, verbinden. Und zwar auf eine sehr konkrete Weise. Das hat mir die freie Entscheidung, nach LA umzuziehen, geschenkt. Es hat zwar einige Zeit gedauert, bis ich begriffen hatte, dass ich auch eine berufliche Veränderung brauchte, doch half mir die Meditation dabei, hinsichtlich meines Privatlebens auf mein Herz zu hören. Und das sagte laut und deutlich:»Du vermisst deine Töchter.«

Ein weiterer, wunderbarer Vorteil der Meditation: Sie zwingt einen dazu, sich um die Beziehungen zu kümmern, die einem im Leben am wichtigsten sind.

Ich will damit nicht andeuten, dass in der Beziehung zu meinen Töchtern irgendetwas nicht gestimmt hätte. Obwohl wir die meiste Zeit durch einen ganzen Kontinent voneinander getrennt waren, standen wir uns sehr nahe. Wir skypten mehrmals am Tag, telefonierten und besuchten uns auch alle paar Wochen. Doch im Grunde meines Herzens wusste ich, dass all das Skypen und Hin-und-her-Fliegen keine langfristige Lösung war.

Es war einfach nicht dasselbe wie sie von der Schule abzuholen oder gemeinsam mit ihnen zu Abend zu essen und sie nach ihrem Tag zu fragen. Während ich in New York mit Meetings oder Veranstaltungen beschäftigt war, konnte ich diese Tatsache verdrängen, doch beim Meditieren kam ich nicht um sie herum. Heute hole ich meine Töchter jeden Morgen ab, um von 6:45 Uhr bis 7:05 Uhr gemeinsam mit ihnen zu meditieren, bevor ich sie zur Schule bringe – und das fühlt sich viel richtiger an. Ich bin für den Frieden und das Glück, das wir jeden Morgen gemeinsam in der Stille erfahren, unendlich dankbar.

Natürlich bin ich deshalb kein »besserer« Vater als alle anderen. Ich kenne viele Väter, die gern mehr Zeit mit ihren Kindern verbringen und ihnen emotional gern näher stehen würden, sich aber nicht trauen, die dafür notwendigen Maßnahmen in die Tat umzusetzen. Statt auf ihr Herz zu hören, fühlen sie sich gefangen.

Dieses Gefühl hatte ich bei dem Gedanken daran, meinen Töchtern und ihrer Mutter näher zu sein, nicht. Wenn diesbezüglich überhaupt Sorgen auftauchten, sah ich sie gleich wieder wie eine Wolke vorüberziehen.

Ich liebe meine Kinder und ihre Mutter und dank der Meditation konnte ich mich auf diese Tatsache konzentrieren, statt mich von den Sorgen ablenken zu lassen, die Veränderungen unweigerlich mit sich bringen.

Ist der Geist ruhig, treten die Emotionen, die wir zu verdrängen versucht haben, an die Oberfläche – in den beschriebenen Beispielen die Sorge, dass man der Veränderung vielleicht nicht gewachsen sein könnte. Ob es sich dabei um Beziehungen, die Arbeit, die Gesundheit oder worum auch immer handelt: Der Schutzmechanismus der Angst verdrängt diese Gefühle zunächst. Die Meditation holt sie wieder hervor, und damit schwindet auch die Angst. Stattdessen kommen unsere wahren Bedürfnisse und Träume zum Vorschein, denen wir mit klarem und ruhigem Geist nun viel freier folgen können.

KAPITEL 16

MEDITATION
STATT MEDIKATION

Ein weiterer und meines Erachtens besonders gefährlicher Teufelskreis, in dem sich Menschen verfangen können, sind Abhängigkeit und Sucht nach schädlichen Substanzen. Auch in dieser Hinsicht hat sich die Meditation als ausgesprochen effektives Hilfsmittel erwiesen. Substanzen wie Kokain, Alkohol oder Nikotin machen zwar körperlich süchtig, diese Sucht kann Studien zufolge jedoch durch die regelmäßige Meditation gemindert werden.

Im Rahmen einer jüngeren Studie haben beispielsweise Professoren der Texas Tech und der University of Oregon herausgefunden, dass Probanden, die die Methode der Meditation erlernten, anschließend von einem stark abnehmenden Verlangen nach Zigaretten berichteten. Die Ergebnisse der Studie waren sogar so ermutigend, dass die Forscher davon ausgehen, die Meditation zur Bekämpfung aller möglichen Süchte einsetzen zu können, nicht nur zur Bekämpfung von Nikotinabhängigkeit. »Da eine achtsame Meditationspraxis sowohl die persönliche Kontrolle als auch die Aufmerksamkeit fördert und die Übenden für innere und äußere Erfahrungen sensibilisiert, glauben wir, dass die Methode beim Umgang mit Suchtsymptomen hilfreich sein kann«, äußerte sich Professor Yi-Yuan Tang von der Texas Tech University gegenüber dem Internetportal Science Newsline.

Zu ähnlichen Ergebnissen kamen auch Forscher an der Yale University, die ebenfalls die Auswirkungen der Meditation auf eine Gruppe Nikotinabhängiger untersucht hatten. Die Hälfte der Probanden unterrichtete man in Meditation, die andere Hälfte unterzog man der »Goldstandard«-Behandlung der American Lung Association, die sowohl Aufklärung als auch eine »Nikotinersatztherapie« mit Kaugummis, Inhalatoren und verschreibungspflichtigen Medikamenten (Bupropion, Vareniclin) beinhaltet. Es stellte sich heraus, dass die Meditationsgruppe weitaus erfolgreicher darin war, mit dem Rauchen aufzuhören, als die Vergleichsgruppe. In ihrer Zusammenfassung schrieben die Forscher: »Bei der Raucherentwöhnung könnte sich ein Achtsamkeitstraining als deutlich erfolgreicher erweisen als die diesbezüglichen aktuellen Standardbehandlungen.«

Denn wie jeder, der schon einmal mit Drogen- oder Alkoholproblemen gekämpft hat, weiß, ist die Sucht kein rein körperliches Phänomen. Die Substanzen machen zwar tatsächlich körperlich abhängig, doch erste Erfahrungen mit ihnen machen wir vor allem aus emotionalen Gründen. Und da kommt wieder die Meditation ins Spiel. Sie kann uns nicht nur aus dem Teufelskreis befreien, sie kann auch dafür sorgen, dass wir gar nicht erst hineingeraten.

Ich weiß, dass Menschen, die ein Problem mit übermäßigem Alkoholkonsum oder Drogenmissbrauch haben, in erster Linie eines wollen: den Lärm in ihrem Kopf abstellen. Den Lärm der Angst, der Sorge, der Depression, der Unsicherheit, des Zweifels, der Traurigkeit, der Empfindlichkeit oder der Verletzung. Was immer es ist, woher es auch kommt, die Menschen wollen, dass es verschwindet, und dazu scheinen Drogen der leichteste Weg zu sein.

Ich selbst erkenne heute, dass ich damals nur den Lärm ausblenden wollte, als ich high wurde. Ich hatte Glück: Ich war nie deprimiert oder traurig, bei mir war es der Lärm der Sorge und der Angst.

Also nahm ich Drogen – Gras, Kokain, Heroin und Angel Dust, von dem ich bereits erzählt habe. Ja, der Kerl, der sich heute weigert, in ein Steak zu beißen, weil Fleisch seinem Körper schaden könnte, hat damals ohne zu zögern zu Dust gegriffen. Und zwar zu so viel, dass es sogar in einigen Songs thematisiert wurde, beispielsweise von den Beastie Boys: »Our manager's crazy, he always smokes dust.« Sie rappten auch: »Had a caine-filled Kool with my man Rush Rush« – anscheinend habe ich damals auch schon einiges an Koks geraucht.

Zu dieser Zeit habe nicht nur ich versucht, den Lärm mit Drogen abzustellen, auch viele um mich herum wussten sich nur auf diese Weise zu helfen. Was nicht weiter verwunderlich ist, weil ich damals mit einer Menge kreativer Typen abhing – Rapper, Produzenten, Musiker, bildende Künstler, Schriftsteller –, und die reagieren besonders sensibel auf den Lärm in ihrem Kopf.

Interessanterweise war der Einzige in unserer Clique, der nie high war, Rick Rubin – und er hatte als Kind gelernt zu meditieren. Vor nicht allzu langer Zeit wurde er in einem Interview gefragt, wie er es geschafft hat, inmitten so vieler Drogen clean zu bleiben. Seine Antwort ist sehr aufschlussreich: »Jeder hat seine eigene Art und Weise, mit der Welt umzugehen«, verriet er der Zeitschrift *Purple*. »Meiner Meinung nach nehmen so viele Künstler Drogen, weil sie so sensibel sind. Und ich verstehe dieses Bedürfnis nach Selbstmedikation. Mir allerdings haben Meditation und eine Therapie mehr geholfen. Die Meditation ist eine Art Suche. Man analysiert, warum die Dinge so sind, wie sie sind … Wenn etwas wehtut, wenn du empfindlich auf etwas reagierst oder dich nicht wohlfühlst, wenn du das Gefühl hast, irgendwie anders zu sein, dann hast du die Wahl: Du kannst diesen Gefühlen auf den Grund gehen oder

Es besteht eine enge Verbindung zwischen der Kreativität, die Musiker beim Schreiben neuer Songs erfahren, und der Meditation. Sting sagte sogar: »Durch Yoga lernte ich eine bestimmte Art von Meditation kennen. Davor kannte ich nur die Meditation des Schreibens neuer Songs.«

Wenn Sie also Sänger, Musiker oder Songwriter sind oder sich auf eine andere Weise kreativ betätigen und nach Möglichkeiten suchen, sich mehr mit Ihrer Muse zu verbinden, kann ich Ihnen nur empfehlen, mit der Meditation zu beginnen. In der Musikwelt glauben viele, der Weg dahin führe einzig über Drogen oder Alkohol, aber das stimmt nicht. Probieren Sie es aus.

du kannst dich betäuben und sie ignorieren. Die meisten Menschen wählen die Selbstbetäubung und ignorieren ihre Probleme, um ihren Gefühlen aus dem Weg zu gehen. Die meisten suchen keine therapeutische Hilfe, nur nach Wegen, den Schmerz abzutöten. Wir leben in einer Gesellschaft, in der es gang und gäbe ist, Schmerzen auszuschalten. Das macht beispielsweise das Fernsehen für uns. Ärzte stellen Rezepte für Medikamente aus, die Schmerzen stillen. Ich habe es irgendwie geschafft, mich mit meinen Gefühlen auseinanderzusetzen, und habe versucht, sie zu verstehen.«

Rick ist eine gute Seele, die anderen die Freiheit lassen möchte, Dinge selbst herauszufinden, und so hat er uns nie gedrängt, die Drogen aufzugeben. Doch rückblickend ist mir klar, dass er schon in jungen Jahren wusste, dass die Meditation ein viel besserer Weg ist, mit seinen Emotionen umzugehen, als high zu werden.

Zum Glück *habe* ich das selbst herausgefunden, als es dafür noch nicht zu spät war. Ebenso übrigens wie die Beasties.

Zu Beginn ihrer Karriere haben sie über Party machen und high werden gerappt, doch nach nur wenigen Jahren hatten auch die Beastie Boys die Macht der Meditation am eigenen Leib erfahren. Wenn Sie ihn nicht ohnehin schon kennen, sollten Sie sich einmal den Text von »Bodhisattva Vow« ansehen, eine Version des Gelübdes, das Buddhisten ablegen, um zur Erleuchtung zu gelangen. Meiner Meinung nach ist das das Authentischste, das sie je geschrieben haben.

Schon 1992 haben sie Songs wie »Namaste« und »Bodhisattva Vow« geschrieben, in dem es heißt: »Zum Wohle aller Wesen suche ich/Den erleuchteten Geist, den ich eines Tages erlangen werde.« Die Gruppe, vor allem mein wunderbarer Freund Adam Yauch, der uns viel zu früh verlassen hat, hat ungeheuer viel dazu beigetragen, in diesem Land das Bewusstsein für die Macht der Meditation zu schärfen.

Gerade kreativen Menschen kann die Meditation viel Leid ersparen, das aus Drogenmissbrauch unweigerlich erwächst. Ein weiterer dieser kreativen Menschen, die selbst erfahren haben, dass die Meditation aus Abhängigkeit und Sucht befreien kann, ist der Komiker Russell Brand. Russell ist nicht nur brillant, sondern auch sehr mutig, denn er hat offen über seine Sucht gesprochen. Zudem macht er sich in der David Lynch Foundation stark, um auch anderen dabei zu helfen, ihr Leben durch Meditation wieder in den Griff zu bekommen.

In einem Essay, den er für den britischen *Guardian* geschrieben hat, berichtet Russell davon, wie ihm Drogen dabei geholfen haben, mit der Angst, der Sorge und den Verletzungen umzugehen, die er schon sein ganzes Leben mit sich herumgeschleppt hatte. »Es fällt mir schwer zu beschreiben, wie effizient Heroin beim Neutralisieren von Schmerz ist. Es verwandelt eine geballte Faust, an der die Knöchel weiß hervortreten, in eine sanfte, braune Welle.«

Leider stellt sich die »sanfte« Welle nie als leicht zu reiten heraus, wie Russell auf die harte Tour lernen musste. Auf dem Gipfel seiner Abhängigkeit konsumierte er täglich Heroin und Crack, was dazu führte, dass MTV ihn feuerte – er war am 12. September 2001 als Osama bin Laden verkleidet zur Arbeit erschienen. So tief war er gesunken.

Wie ich ist auch Russell durch Yoga zur Meditation gekommen. Und ebenso wie ich fand auch er in der Meditation den Weg, dem Lärm zu entkommen, der sich seit so vielen Jahren in seinem Kopf festgesetzt hatte. In einer Rede, die er vor Kurzem für die David Lynch Foundation gehalten hat, bekannte er sich dazu, wirklich ernsthaft abhängig gewesen zu sein. Durch die Meditation aber habe er zu einer wundervollen, heiteren Gelassenheit gefunden. Und zu selbstlosen Beziehungen. Seine Neigung zum Egoismus habe er als oberflächliche und zwecklose Haltung erkannt. Ja, er empfinde Liebe für sich – aber für jeden anderen auch.

Russells Geschichte ist ein weiteres Beispiel dafür, dass wir so reich, so berühmt oder so erfolgreich sein können, wie wir wollen – wenn wir uns durch den Lärm in unserem Kopf von der Welt abgeschnitten fühlen, werden wir niemals glücklich werden. Deshalb lautet die Antwort auf die Frage, warum dieser oder jener Schauspieler oder Sportler Geld und Ruhm für Drogen wegwirft, auch, weil weder Geld noch Ruhm die lauten Stimmen im Kopf zum Schweigen bringen. Diese Menschen scheinen »alles zu haben«, doch der Lärm schneidet sie von der Welt ab. Sie werden von Millionen Fans geliebt und von Kollegen bewundert – doch sie spüren diese Liebe nicht. Körperlich sind sie immer von anderen Menschen umgeben, emotional sind sie immer isoliert. Und so nehmen sie Drogen und trinken zu viel.

Ich wünschte, sie wüssten – wie Rick Rubin, wie Russell Brand, wie Alice Walker oder wie Adam Yauch –, dass sich diejenigen, die meditieren, nie isoliert fühlen. Sie fühlen sich verbunden. Verbunden mit der Stille in ihrem Herzen und in den Herzen der anderen.

KAPITEL 17

LEBEN OHNE ZU URTEILEN

Die Meditation verbessert Ihr Leben und Ihre Beziehung zur Welt noch auf eine andere Weise: Sie macht Sie weniger voreingenommen.

Auf den ersten Blick scheint das keine allzu große oder wichtige Veränderung zu sein, die wir in unserem Leben vornehmen können. Gemeinhin sehen wir diesen Bereich – den Bereich der Voreingenommenheit, der kritischen Wertung und Bewertung – als ein Gebiet an, auf dem wir uns durchaus noch verbessern könnten, das unserer Zufriedenheit und unserem Glück aber nicht im Weg steht.

In Wirklichkeit jedoch ist die Voreingenommenheit, der Hang zum Beurteilen einer unserer größten persönlichen Mängel, ein Charakterzug, der häufig eine der größten Barrieren zwischen uns und unserem Glück darstellt.

Wie viel Zeit verschwenden wir Tag für Tag damit, andere für das gering zu schätzen, worauf sie keinerlei Einfluss haben! Dafür, zu klein zu sein; dafür, eine Glatze zu bekommen; sogar dafür, im Alter Falten zu haben.

Ganz zu schweigen von der Unmenge an Zeit, die wir darauf verschwenden, andere für ihren Kleidungsstil, für ihren Musikgeschmack, für ihre Frisur, ihre Schuhe oder ihr Auto zu kritisieren. Die Aufzählung könnte endlos fortgeführt werden.

Letztlich wurzeln all diese unsinnigen Wertungen in unserer eigenen Unsicherheit. Wir kritisieren kahle Menschen, weil wir Angst haben, selbst zu viele Haare zu verlieren. Wir sehen auf die Autos anderer herab, weil wir selbst nicht sicher sind, ob wir den »richtigen« Wagen fahren. Und wir gehen alten Menschen aus dem Weg, weil wir selbst Angst vor dem Älterwerden und Sterben haben.

Ich bin da keineswegs eine Ausnahme, im Gegenteil. Ich habe Menschen früher sehr schnell abgeurteilt. Dabei ging es manchmal um wirklich banale Dinge wie Turnschuhe, die meiner Meinung nach nicht zum Hemd passten, oder darum, ob jemand »cool« genug war, um mit mir auf einer Party rumzuhängen. Oder clever genug, um mein Geschäftspartner zu werden.

Nachdem mir die Meditation jedoch den Blick geklärt hat, wurde mir klar, dass ich das nur tat, weil ich selbst unsicher war. Ich machte mir Sorgen über meine eigenen Entscheidungen und Fähigkeiten und projizierte diese Unsicherheit auf die Menschen, die mir im Leben begegneten.

Ein Beispiel: Bevor ich zu meditieren begann, machte mich der Gedanke daran, live im Fernsehen aufzutreten, furchtbar nervös. Ich hatte Angst, von anderen kritisch bewertet zu werden, sobald ich den Mund aufmachte – unabhängig davon, was ich sagte. Und ihr Urteil würde lauten, ich sei ein Idiot.

Erinnern Sie sich noch an *Def Comedy Jam,* als ich am Ende immer herauskam und »Gottes Segen und gute Nacht« sagte? Ich hatte solchen Schiss davor, dass mich die Produzenten buchstäblich auf die Bühne schieben mussten, nur damit ich diese fünf einfachen Wörter sagte.

Was natürlich noch kein Vergleich damit ist, im Fernsehen live über etwas zu reden. Das ging sogar so weit, dass meine Assistenten TV-Interviews grundsätzlich ablehnten, ohne vorher mit mir Rücksprache zu halten, weil sie wussten, dass ich sowieso Nein sagen würde. Ich versuchte sogar, mich zu weigern, Reden auf Galas oder Preisverleihungen zu halten, auch wenn ich derjenige war, der ausgezeichnet wurde. Die Veranstalter hielten mich wahrscheinlich für arrogant, in Wahrheit aber hatte ich einfach nur Angst, vor einem Raum voller Menschen zu sprechen.

Nachdem ich zu meditieren begonnen hatte, fiel diese Angst von mir ab. Natürlich mache ich mir manchmal immer noch Gedanken darüber, vor laufender Kamera etwas Falsches zu sagen, doch die verschwinden ebenso schnell, wie sie gekommen sind. Statt zu fürchten, kritisch bewertet zu werden, denke ich mir: »Was soll's?« Sicherlich kommt es vor, dass Menschen mich im Fernsehen sehen und denken: »Was redet der da?« Aber wenn sie das denken, dann denken sie das eben. Wichtig ist, dass ich mich selbst nicht mehr in derlei Wertungen und Urteilen verfange. Wenn ich den Mund aufmache, spreche ich frei von der Leber beziehungsweise vom Herzen weg; und für jeden, der mich negativ bewertet, gibt es viele, die positiv von dem angetan sind, was ich über Waffengewalt, die Bildungsreform oder die Misshandlung von Tieren sage.

Die Meditation putzt Ihnen gewissermaßen die Brille, auf deren Gläsern sich jahrelang Sorgen und negative Gedanken angesammelt haben, sodass Sie anschließend wieder das Beste in sich selbst sehen können. Und das Beste in anderen: Denn wenn Sie sich von Wertungen und Urteilen befreien, konzentrieren Sie sich nicht mehr auf die vermeintlichen Schwächen anderer Menschen.

Und das ist ungeheuer wichtig. Stellen Sie sich vor, wie viel schöner das Leben sein könnte, wenn Sie nur das Gute in anderen sehen. Wenn wir jemandem mit negativer Energie oder einer Einstellung, die wir für schädlich halten, begegnen, ist es diese Negativität, die bleibt. Über sie definieren wir diese Menschen. Und wem schadet das letztlich? Uns. Die Menschen werden sich vermutlich nicht ändern, und so haftet die Negativität an uns. Auch dann noch, wenn die betreffenden Menschen längst aus unserem Leben verschwunden sind und keinen Gedanken mehr an uns verschwenden.

Ist Ihr Herz jedoch unvoreingenommen, können Sie über diese Negativität hinwegsehen, die wahrscheinlich ohnehin nichts anderes ist als die Reflexion der eigenen Unsicherheit. Selbst wenn es den Anschein hat, als bestünden diese Menschen zu 90 Prozent aus Wut und Schmerz, sollten Sie sich auf die hinter all dem Getöse verborgenen, gütigen zehn Prozent konzentrieren, um das Beste aus der Begegnung oder Beziehung zu machen. Zumindest bürden Sie sich dann nicht deren Negativität auf. Und wer weiß: Wenn Sie auf diesen zehn Prozent insistieren, gelingt es Ihnen vielleicht sogar doch, die Prozentzahlen zum Positiven zu verändern.

Bei mir wundern sich die Leute beispielsweise oft darüber, wie um Himmels willen ich Umgang mit rechtsorientierten Moderatoren wie Bill O'Reilly oder Sean Hannity pflegen kann. Was ihre politische Einstellung oder ihre soziale Haltung betrifft, bin ich sicherlich nicht ihrer Meinung. Dennoch versuche ich, sie nicht zu bewerten, trotz unserer Differenzen. Stattdessen versuche ich, mich auf das Positive zu konzentrieren – auch wenn das manchmal schwer zu finden ist – und darauf aufzubauen. Denn Menschen wie Bill O'Reilly und Sean Hannity werden immer ihre Plattform haben. Sie werden immer in einer Position sein, in der sie andere beeinflussen und Meinungen bilden können. Statt sie also als hoffnungslos aufzugeben, versuche ich, die kleinen Eckchen zu finden, in denen wir uns zumindest darüber einig sein können, nicht einer Meinung zu sein, und mich von dort aus vorsichtig weiter vorzutasten. Wenn es mir gelingt, mit meiner Botschaft wenigstens einen winzig kleinen Teil ihres Publikums zu erreichen, statt sie alle als bigott und aufgeblasen abzutun, kann ich am Ende vielleicht doch etwas Positives bewirken.

Doch ich will ehrlich sein: Ich kann nur mit Menschen wie Bill O'Reilly und Sean Hannity in Dialog treten, weil ich mir keine Gedanken mehr darüber mache, was andere von mir halten. Früher war es mir tatsächlich nicht egal, was linksorientierte Leute über meinen Auftritt in einer Fernsehsendung wie der von O'Reilly dachten. Hielten sie mich für einen Verräter? Einen rechten Fürsprecher? Einen Idioten? Heute verfange ich mich in den Fallstricken solcher Fragen nicht mehr. Im Gegenteil: Ich fühle mich damit sogar wohl. Ich weiß genau, was mir am Herzen liegt und was ich erreichen will. Ich stolpere nicht mehr über Wertungen und Urteile, die man mir in den Weg wirft.

Sich von derlei Wertungen und Urteilen zu befreien kann uns auch als Gesellschaft insgesamt helfen. Es kann, um noch einen Schritt weiter zu gehen, sogar der Menschheit helfen.

Wenn wir uns die Vorurteile ansehen, die uns kollektiv verletzen und uns rund um den Globus klein halten, stellen wir fest, dass sie alle derselben Quelle entspringen: Voreingenommenheit, Wertungen und Urteilen.

Rassismus.

Homophobie.

Sexismus.

Religiöse Intoleranz.

Altersdiskriminierung.

Klassendenken.

Sie alle wurzeln in Wertungen und Urteilen.

Wir alle kennen den schrecklichen Preis, den die Opfer dieser Einstellungen bezahlen müssen – doch was ist mit denen, die solche Einstellungen pflegen?

Ich will für rassistische oder homophobe Menschen nicht allzu viel Mitleid erwecken, aber sie tragen an ihrer Haltung tatsächlich sehr schwer. Wer sich Gedanken über die Sexualität anderer macht oder darüber, wie andere zu Gott beten, führt ein grundsätzlich unglückliches Leben.

Vor rund 2 500 Jahren beschrieb Buddha die Gefahren von Wertungen und Urteilen auf sehr prägnante Weise: »Ihr werdet nicht für euren Zorn bestraft werden«, lehrte er. »Ihr werdet *von* eurem Zorn bestraft werden.« Und das hat auch heute noch Gültigkeit. Denken Sie daran, wenn Sie das nächste Mal Anflüge von Rassismus, Sexismus, Homophobie oder jeder anderen Form von Intoleranz bei sich bemerken.

Und ich spreche hier nicht nur von Extremen wie dem Ku-Klux-Klan, Schwulen- und Lesbenhassern oder religiösen Fundamentalisten, sondern von ganz normalen Menschen, von Menschen wie Sie und ich, die über andere urteilen, weil sie anders sind als sie selbst – ob sie das nun öffentlich oder sich selbst gegenüber zugeben oder nicht.

Auch ich gehöre zu diesen Menschen. Hier und da ein kleiner Witz über jemanden, der anders aussieht, anders betet oder anders liebt als ich. Ich habe es damit zwar nicht übertrieben, aber leugnen kann ich es andererseits auch nicht. Es hat mich davon abgehalten, das Beste in mir zu finden, mein volles Potenzial zu entfalten.

Doch ich verspreche Ihnen, dass die Meditation mein Herz von fast jeder Neigung zur Wertung oder zum Be- oder Verurteilen gereinigt hat. Und das Erstaunlichste daran ist, dass der Platz dort nicht einfach leer bleibt. Er wird von Mitgefühl eingenommen.

Mitgefühl ist eines der mächtigsten Werkzeuge, die uns im Leben zur Verfügung stehen. In unserer Gesellschaft werden Mitgefühl und Freundlichkeit zu oft als Schwäche ausgelegt. Als, wie wir Hip-Hopper sagen, »some sucka shit«. Nichts allerdings könnte weniger von der Wahrheit entfernt sein als das.

Ein wahrhaft mitfühlender Mensch ist wie ein Fels. Jemand, der sein Leben der Freundschaft und Empathie widmet, besitzt ungeheure Kraft und Stärke. Oder, wie es in den Yogasutras *Maitryadisu balani* heißt: »Die Kultivierung von Freundlichkeit macht innerlich stark.«

Das entbehrt nicht einer gewissen Ironie, sind wir doch kollektiv sozial übereingekommen, dass weiterkommt, wer egozentrisch und egoistisch ist. Wahrscheinlich haben diese Menschen tatsächlich mehr materielle Besitztümer, mehr Geld, mehr Sex, mehr Macht. Aber sie sind sicherlich nicht glücklicher. Für egozentrische, egoistische Menschen ist Glück ein flüchtiges Gut.

Für den mitfühlenden, empathischen Menschen kann Glück hingegen nahezu garantiert werden. Wer sich von Wertungen und Urteilen befreit und sich stattdessen darauf konzentriert, wie er den Menschen, die er im Leben trifft, wirklich begegnen und wie er ihnen helfen kann, macht diese Menschen glücklich. Und dieses Glück wiederum bringt ihm in einem bislang wahrscheinlich nicht gekannten Ausmaß Freude und Zufriedenheit.

KAPITEL 18

DIE MACHT DES MITGEFÜHLS

Falls Sie es noch nicht bemerkt haben sollten: Hinsichtlich der Religion »bediene« ich mich gern überall ein wenig. Ich halte den Buddhismus, das Christentum, den Hinduismus, das Judentum und viele andere Glaubensrichtungen alle für großartig. Dennoch betrachte ich mich weder als Buddhisten noch als Christen noch als Hindu noch als Juden oder als alleinigen Anhänger irgendeines anderen Glaubens.

Wenn ich gefragt werde, welcher Religion ich angehöre, sage ich immer: »Ich bin bekennender Mitfühlender.«

Für mich bedeutet das Mitgefühl den ultimativen Ausdruck des höchsten Selbst. Man könnte dieses höchste Selbst auch als Entfaltung des vollen Potenzials als Mensch bezeichnen – und wer sich mit allem und jedem auf diesem Planeten verbunden fühlt, auch mit den Tieren, mit einfach allem, der entfaltet sein volles Potenzial als Mensch.

Die Ironie an der Sache ist, dass ich nur wenig Mitgefühl feststellen kann, wenn ich mich unter den sogenannten religiösen Anführern heute so umsehe. Ich sehe Voreingenommenheit, Wertungen und Urteile, sogar Hass – aber kaum Empathie. Die großen Propheten jedoch, denen diese Anführer angeblich folgen – Jesus, Mohammed, Buddha und Abraham –, waren alle *extrem* mitfühlende Persönlichkeiten.

>»Wenn du willst, dass andere glücklich sind, übe dich in
Mitgefühl. Wenn du selbst glücklich sein willst, übe dich in
Mitgefühl.«

>— Der Dalai Lama

Mir kommt es manchmal so vor, als sei jede der großen Welt-
religionen vor Tausenden von Jahren aus dem Konzept des
Mitgefühls heraus entstanden und als hätten wir uns im Laufe
der Zeit kollektiv immer weiter von diesem Ideal entfernt.
Glücklicherweise ebnet uns die Meditation den Weg dorthin zurück.

Was insbesondere Buddhisten schon seit Urzeiten lehren –
die Meditation fördert das Mitgefühl –, ist mittlerweile sogar
wissenschaftlich erwiesen.

In den 1990er-Jahren brachte der Dalai Lama Adepten –
buddhistische Mönche, die mindestens 10 000 Stunden meditiert hatten – zu westlichen Wissenschaftlern, um herauszufinden, ob man die Wirkung der Meditation auf das Mitgefühl
wissenschaftlich messen könnte.

Daraufhin führten Forscher der University of Wisconsin
eine Studie durch, in der sie die Hirnströme dieser Mönche
aufzeichneten und mit denen von Probanden verglichen, die
gerade erst zu meditieren gelernt hatten.

Man bat sowohl die Mönche als auch die Kontrollgruppe,
über das Konzept von Mitgefühl zu meditieren, und zeichnete
beides auf, einmal beim Meditieren und auch nach der Meditation.

Man fand heraus, dass während der Meditation bei beiden
Gruppen eine verstärkte Aktivität der Gamma-Wellen zu ver-
zeichnen war, die die Wissenschaftler mit den Gedanken an
Mitgefühl assoziierten. Doch als sie aufhörten, über Mitgefühl

zu meditieren, nahmen die Gamma-Wellen der Kontrollgruppe ab, während die der Mönche weiter zunahmen. Die Forscher erachteten dies als Beweis dafür, dass all die Stunden der Meditation das Gehirn der Mönche zu mehr Mitgefühl »trainiert« hatten.

Eine weitere faszinierende Studie über den Zusammenhang zwischen Meditation und Mitgefühl ist vor Kurzem von Wissenschaftlern der Northeastern University und der Harvard University durchgeführt worden. Im Rahmen dieser Studie nahm eine Kontrollgruppe mehrere Wochen lang an einem Meditationskurs teil. Anschließend schickte man die Probanden in die Praxis eines falschen Arztes und beobachtete, ob sie im übervollen Wartezimmer jemandem mit Gehhilfen, der offensichtlich Schmerzen hatte – ein Schauspieler –, ihren Platz anboten.

Das Ergebnis: Nur 15 Prozent derjenigen, die nicht meditierten, standen auf, während es bei der Kontrollgruppe immerhin 50 Prozent waren.

Das Ergebnis war auch für die Forscher der Northeastern University überraschend: »Es scheint zu beweisen, was buddhistische Theologen schon lange glauben: dass die Meditation zu mehr Mitgefühl und Liebe allen fühlenden Wesen gegenüber führt.«

Und das ist wirklich enorm wichtig. Wenn Sie eine Liste der Dinge anfertigen sollten, die Sie in Ihrem Leben noch verbessern müssten, hätte die Kultivierung von Mitgefühl wahrscheinlich nicht die oberste Priorität. Sollte sie aber haben.

Denn wer Mitgefühl besitzt, ist nicht nur mit allem und jedem verbunden, er ist auch dankbar. Und einem solchen Menschen liegt die Welt zu Füßen.

Wer ist der mitfühlendste und dankbarste Mensch, den Sie kennen? Jemand der, unabhängig von der Situation, unablässig dafür arbeitet, dass andere sich wohlfühlen, dass es anderen gut geht. Jemand, der Ihnen immer wieder sagt, wie dankbar er Ihnen dafür ist, was Sie für ihn getan (oder auch nicht getan) haben oder zumindest versucht haben zu tun. Jemand, der Ihnen hilft, egal, ob Sie sich nun seit zehn Minuten oder seit zehn Jahren kennen.

Vielleicht gibt es diesen Jemand in Ihrer Kirche. Oder in Ihrem Viertel. Oder bei der Arbeit. Wer immer es sein mag: Ich gehe jede Wette ein, dass er oder sie erfolgreich ist. Er mag nicht reich sein, aber sicherlich angesehen. Jemand, den Sie ohne zu zögern als Geschäftspartner für sich gewinnen wollten. Jemand, den der Chef um Rat fragt, wenn eine schwierige Entscheidung ansteht.

So jedenfalls ist es in meinem Büro. Ich trachte immer danach, mich mit mitfühlenden Menschen zu umgeben. Einer der mitfühlendsten Menschen, denen ich je begegnet bin, ist Simone Reyes, mit der ich nun schon seit über 25 Jahren Seite an Seite arbeite. Wenn sie mir nicht gerade bei meinen Unternehmungen und Wohltätigkeitsprojekten hilft, engagiert sie sich mit Leib und Seele für den Tierschutz. PETA, Mercy for Animals, Farm Sanctuary, Animal Acres – sie stehen alle auf ihrer Liste. Die Leidenschaft, mit der sie dafür plädiert, Tieren mehr Mitgefühl entgegenzubringen, spornt mich jeden Tag aufs Neue an.

Michael Skolnik, mein Politischer Geschäftsführer und Leiter meiner Webseite Global Grind, ist ebenfalls ein unglaublich mitfühlender Mensch. Michael wacht jeden Morgen auf und überlegt, wie er das Leiden anderer lindern kann. Michaels Mitgefühl zeigt sich vor allem in seiner Arbeit, bei der er unermüdlich gegen Waffengewalt kämpft. Von seinem Engagement, Gerechtigkeit für Trayvon Martin zu fordern – einem afroamerikanischen Jugendlichen, der 2012 von einer Nachbarschaftswache erschossen wurde –, bis zu seiner Arbeit auf den Straßen von Queens steckt Michael den Großteil seiner

Zeit nicht nur in das Bemühen, zukünftige Gewalt zu verhindern, sondern auch in die Unterstützung der Familien, die die unaussprechliche Tragödie, einen Angehörigen durch Waffengewalt zu verlieren, erlebt haben.

Da ich nun mal als »Hip-Hop-Mogul« gelte, nehmen Sie wahrscheinlich an, mein engerer Freundeskreis bestünde aus lauter Anwälten und Elitehochschulabsolventen. Falsch. Die beiden Menschen, denen ich beruflich am meisten vertraue, sind eine Tierschutzaktivistin und jemand, der sich dem Kampf gegen Waffengewalt verschrieben hat. Hinzu kommen noch ein Rabbi und ein Imam. Denn sie besitzen aufgrund ihres Mitgefühls eine ungeheure persönliche Stärke und Integrität – Werte, die mir als Chef viel wichtiger sind als jedes Abschlussdiplom an der Wand und jede noch so schöne schwarze Zahl unter dem Strich.

Eines der anrührendsten Beispiele, wie sehr die Meditation das Mitgefühl fördert, kommt aus einer ungewöhnlichen Ecke: der US Army. Vor Kurzem haben sich die Angestellten eines Kriegsveteranen-Betreuungszentrums in Menlo Park, Kalifornien, mit Dozenten aus Stanford zusammengetan, um den Betroffenen einen Kurs namens »Compassion Cultivation Training« anzubieten. Er soll Soldaten, die aus Kriegsgebieten wie dem Irak oder Afghanistan nach Hause zurückkehren, dabei helfen, mit ihrer Posttraumatischen Belastungsstörung (PTBS) fertigzuwerden.

Viele dieser Veteranen waren in Gegenden stationiert, wo man ihnen beigebracht hatte, Zivilisten als potenzielle Bedrohung zu sehen. Diese Denkweise hatten die Soldaten auch nach ihrer Rückkehr nach Hause nicht abstellen können und so sahen sie nun ihre Nachbarn, ja sogar ihre eigenen Frauen und Kinder als potenziell gefährlich an. Das betraf nicht nur jüngere Veteranen, sondern auch Soldaten, die vor 35 Jahren aus Vietnam heimgekehrt waren und noch heute mit diesen Problemen kämpfen.

Der Kurs sieht vor, dass die Veteranen über den Satz »Dieser Mensch ist genau wie ich« meditieren. Eine der Gründerinnen der Initiative, Leah Weiss von der Stanford University, hat dem National Public Radio (NPR) gegenüber erläutert, die Meditation ermögliche es den Veteranen, Angst und Misstrauen loszulassen, die sie ein Leben lang mit sich herumgeschleppt hatten. Sie ermögliche es ihnen, sich zu vergegenwärtigen, dass »der andere ebenso wie ich seine Höhen und Tiefen im Leben erfahren hat. Auch er (oder sie) hatte Ziele und Träume«.

John Perry, ein Vietnamveteran, sagte NPR gegenüber, die Meditation habe ihm dabei geholfen, mit jahrzehntelangem Schmerz und jahrzehntelanger Angst umzugehen. »Es war wie ein Gefängnis, in das ich mich selbst gesperrt hatte«, erzählte er. »Ich sprach mit niemandem. Niemand stellte mir Fragen [über den Krieg]. Und wenn sie es getan hätten, hätte ich nicht geantwortet. Ich war 40 Jahre lang isoliert.«

Einer der Gründe, warum ich mich der David Lynch Foundation so verbunden fühle, ist ihr Engagement auch für Veteranen. Sie steckte eine Million Dollar in ein Programm namens »Operation Warrior Wellness«, bei dem heimkehrende Veteranen in Transzendentaler Meditation unterrichtet werden. Mein teurer Freund Bob Roth, der die Organisation leitet, bringt Veteranen nun schon seit Jahren die Methode bei, sagte aber erst kürzlich Soledad O'Brien von CNN – auch sie praktiziert TM – gegenüber: »Dass die Posttraumatische Belastungsstörung eine wahre Epidemie ist, für die es kein konventionelles, traditionelles Heilmittel gibt, ist uns erst in den letzten Jahren klar geworden.« Bob fügte hinzu, dass die Meditation Forschungen zufolge die Symptome einer PTBS um 50 Prozent reduzieren kann.

Natürlich ist es für Veteranen besonders wichtig, das Mitgefühl in sich wiederzuentdecken, doch im Grunde leiden wir alle mehr oder weniger an dieser Art von Isolation. Wir werden voller Mitgefühl geboren, mit zunehmendem Alter aber sickert es gewissermaßen aus uns heraus. Vielleicht haben Sie auch schon einmal bemerkt, wie spontan kleine Kinder jemanden umarmen, der offensichtlich traurig ist. Geht es einem Kind in einer Gruppe nicht gut, zeigen die anderen Empathie und sind auch nicht fröhlich. Diese Art von gemeinschaftlichem Mitgefühl liegt in unserem Wesen als Mensch. Doch je älter wir werden, desto schwächer wird der Kontakt zu unserem wahren Wesen. Wir verstricken uns so sehr in unser eigenes Leiden, dass wir völlig vergessen, was andere durchmachen. Die Meditation bringt uns das Gefühl der kindlichen Verbundenheit zurück.

Mitgefühl ist eine Macht, die Sie niemals unterschätzen sollten. Zu diesem Thema soll der Dalai Lama das letzte Wort haben:

»Mitgefühl ist die ultimative Quelle des Erfolgs«, schreibt er. »Ich bin davon überzeugt, dass zunehmendes Mitgefühl auf jeder gesellschaftlichen Ebene – im Verband der Familie, des Stammes, der Nation und auch weltweit – der Schlüssel zu einer glücklicheren und erfolgreicheren Welt ist. Dafür müssen wir weder an eine Religion noch an eine Ideologie glauben. Wir müssen lediglich unsere guten Qualitäten als Mensch weiterentwickeln … Ich versuche, jeden, den ich treffe, wie einen alten Freund zu behandeln. Das macht mich wirklich glücklich. Es ist gelebtes Mitgefühl.«

TEIL FÜNF

Meditieren – so geht's

KAPITEL 19

HABEN SIE VERTRAUEN

Da ich nun so viel Aufwand betrieben habe, Ihnen die Vorteile der Meditation näherzubringen, denken Sie vielleicht, der Prozess selbst müsse auch aufwendig sein. Etwas, das Ihnen Glück, Gesundheit, Konzentration, Kreativität, Ausgeglichenheit und Mitgefühl schenkt – ganz zu schweigen davon, dass es den Weltfrieden fördert –, muss ja schließlich kompliziert sein, stimmt's?

Nö, muss es nicht.

Das Ausüben der Meditation ist ein unglaublich simpler Vorgang für den keinerlei Aufwand notwendig ist: Sie setzen sich lediglich zweimal am Tag 20 Minuten lang mit geschlossenen Augen hin.

Und das war's auch schon.

Im Gegensatz zum Gewichtheben, Krafttraining oder Laufen erfordert die Meditation weder eine spezielle Ausrüstung noch einen speziell ausgestatteten Raum. Zum Meditieren brauchen Sie buchstäblich *nichts*.

Wie bereits erwähnt, brauchen Sie keinen eigens eingerichteten Meditationsraum mit Matte auf dem Boden, Vorhängen, die man zuziehen kann, und brennenden Räucherstäbchen. Und auch wenn manche Menschen sie hilfreich finden, brauchen Sie auch keine speziellen Meditationsbänkchen oder -kissen.

Alles, was Sie brauchen, ist ein bequemer Sitz. Keine Glöck-
chen, keine Klangschalen, keine Geräte, keine schicken Klamotten, keine Funktionskleidung – nur Sie, Ihr Geist und eine
Sitzmöglichkeit. Im Grunde brauchen Sie noch nicht einmal
eine spezielle Sitzgelegenheit. Buddha fand die Erleuchtung
auf der nackten Erde unter einem Bodhibaum; Kissen, Stühle,
Sessel, geschweige denn ein »Meditationsraum« sind also eher
westliche Luxusgüter.

Dennoch ist es gerade für Anfänger gar nicht so leicht, sich
hinzusetzen, die Augen zu schließen und in die Stille zu gelangen. Ihre Gedanken sind das unaufhörliche Geplapper gewöhnt, und so fällt es ihnen schwer, einfach einmal den Mund
zu halten. Sie haben den Einfluss, den sie über Sie hatten, so
sehr genossen, dass sie sich weigern zu verschwinden, nur weil
Sie sich jetzt hinsetzen und die Augen schließen. Deshalb
möchte ich Sie nun durch die einzelnen Schritte der Meditation führen, die Sie letztlich ganz natürlich und mühelos über
Ihre Gedanken erheben werden. Sie werden aus Ihrer stressi-
gen Welt heraustreten und tief in Ihr Bewusstsein eintauchen.

Die Technik, die ich Ihnen im Folgenden vorstellen möchte,
spiegelt den Einfluss mehrerer verschiedener Methoden wider,
die ich im Laufe der Zeit von Meistern wie Bob Roth – der die
Transzendentale Meditation praktiziert – sowie von Yogameis-
tern wie David Life und Sharon Gannon erlernt habe.

Ich habe zudem Lehrweisen von verschiedenen anderen Experten integriert, mit denen ich meditiert und bei denen ich
auf meinen vielen Reisen um die Welt gelernt habe.

Zugegebenermaßen würden orthodoxere Lehrmeister meiner Stilmischung wahrscheinlich skeptisch gegenüberstehen,
doch wer mich kennt, weiß, dass ich selten den orthodoxen
oder traditionellen Weg gehe.

Ich habe diese Technik schon unzähligen Freunden näherge-
bracht, und sie alle haben enorm davon profitiert. Einige von

ihnen haben das Mantra wirklich verinnerlicht und sich entschlossen, einen Kurs in Transzendentaler Meditation zu belegen, den ich jedem nur wärmstens empfehlen kann. Anderen wiederum gefielen die Yogaelemente besonders gut; sie vertieften ihre Kenntnisse darin, was ebenso empfehlenswert ist. Damit Ihre Reise Sie auch wirklich zur Kraft und zum Frieden in Ihrem Inneren führt, ist es wichtig, dass Sie mir vertrauen. Das sage ich nicht um meines Egos willen, sondern weil ich weiß, dass man seinen Lehrer akzeptieren muss, wenn man als Schüler Erfolg haben will. Wenn Sie meine Autorität anerkennen und meinen Anweisungen folgen, wird die Meditation garantiert die beschriebenen Früchte tragen. Ich möchte Ihnen den Weg zur Gelassenheit zeigen.

DIE SITZMÖGLICHKEIT

Der erste Schritt zur Meditation besteht darin, sich einen ruhigen Ort zu suchen, an dem Sie 20 Minuten lang ganz still dasitzen können. Wenn Sie einen Ort finden, an dem es ohnehin nicht viel gibt, was Sie ablenken könnte – großartig. Wenn nicht, macht das auch nichts; Sie werden mit der Zeit lernen, diese Ablenkungen zu ignorieren.

Wie ich ebenfalls bereits erwähnt habe, glauben die meisten Einsteiger fälschlicherweise, keinen geeigneten Ort zum Meditieren finden zu können, und geben auf, bevor sie überhaupt richtig angefangen haben. Wenn Sie nebenan einen Hund bellen oder irgendwo eine Autoalarmanlage losgehen hören, sollten Sie sich deswegen keine Gedanken machen. Diese Geräusche werden aus Ihrer Wahrnehmung verschwinden, verwenden Sie sie also nicht als Ausrede.

Lärm wird Sie nur dann ablenken, wenn Sie dies zulassen. Und falls Sie nicht in einem Kloster leben – in diesem Fall würden Sie dieses Buch wahrscheinlich nicht lesen –, wird es um

Sie herum immer irgendwelche Geräusche geben, auch während Sie meditieren. Halten Sie dann inne, lauschen Sie auf das Geräusch und ärgern Sie sich nicht darüber, sondern akzeptieren Sie es als Teil der Welt. Lassen Sie eventuelle negative Gefühle dem Geräusch gegenüber ziehen und werden Sie sich bewusst, dass es keinerlei Einfluss auf Ihre Stille hat. Betrachten Sie Geräusche nie als Hindernis zwischen sich und Ihrer Fähigkeit zu meditieren.

Ich wurde schon gefragt, vor allem von Menschen, die in großen Städten wie New York wohnen, ob es in Ordnung sei, Kopfhörer oder Ohrstöpsel zu benutzen, um die Geräusche der Außenwelt während der Meditation auszublenden. Wenn diese Geräusche Sie so sehr ablenken, dass Sie die Meditation aufgeben wollen, ist es okay, derlei Hilfsmittel einzusetzen. Doch denken Sie daran, dass sie lediglich »Krücken« sind und nur so lange verwendet werden sollten, bis Sie wieder alleine gehen können. Sie sollten nie integraler Bestandteil Ihrer Meditationspraxis werden.

Denn Ziel der Methode ist es, die Stille und den Frieden, die Sie während der Meditation erfahren, in Ihren Alltag zu übertragen. Und Alltage haben es so an sich, meist sehr laut zu sein. Wenn Sie also nicht auch für den Rest des Tages Kopfhörer tragen wollen, sollten Sie nicht mit ihnen meditieren. Viel besser ist es, mit solcherlei Ablenkungen nicht nur zu leben, sondern sie sogar willkommen zu heißen.

Und nun zum praktischen Teil: dem Sitzen selbst.

Manche Menschen halten den sogenannten Lotussitz für die optimale Haltung beim Meditieren. Dabei sitzen Sie mit verschränkten Unterschenkeln auf dem Boden: Rechter Fuß und rechter Knöchel ruhen auf dem linken Oberschenkel und umgekehrt.

Ist das zu Beginn für Sie zu schwer oder gar schmerzhaft, kommt für Sie auch der Halbe Lotussitz infrage: Dabei legen

Sie den linken Fuß und den linken Knöchel auf den rechten Oberschenkel, während der rechte Fuß jedoch *unter* dem linken Oberschenkel ruht. Sie können die Seiten auch wechseln, wenn das für Sie bequemer ist. Auf diese Weise werden die Muskeln nicht allzu stark gedehnt.

Der Lotussitz ist beim Meditieren deshalb so beliebt, weil Sie dabei den Rücken gerade halten müssen – und das wiederum öffnet den gesamten Brustbereich. In dieser Position sind Sie dann auch offen für all das Gute, das die Welt für Sie bereithält.

Sehen Sie sich die Statuen, Holzschnitzereien und Gemälde von meditierenden Menschen aus Japan, China, Tibet, Indien oder Nepal an, die uns seit Jahrtausenden überliefert sind, und Sie werden feststellen, dass sie alle eine ähnliche Sitzhaltung eingenommen haben: Der Rücken ist gerade, die Brust ist offen, die Hände ruhen auf den Beinen. Diese Position sollten auch Sie beim Meditieren anstreben. Ich habe einige kleine Buddha-Statuen in Meditationshaltung im Haus verteilt, um immer daran erinnert zu werden, wie ich sitzen sollte – auch wenn mir die perfekte Position nicht immer gelingt.

Soweit zur Theorie. In der Praxis allerdings bekommt fast nie jemand die absolut perfekte Haltung hin. Einige Yogarichtungen lehren sogar, dass derjenige, der es schafft, völlig gerade zu sitzen, die Erleuchtung erfahren und sich in eine Kugel aus Licht verwandeln würde. Und wie viele Kugeln aus Licht gibt es in Ihrer unmittelbaren Umgebung?

Stattdessen laufen die meisten Menschen mit rundem Rücken und einer schlechten Haltung durchs Leben. Vielen mangelt es an Beweglichkeit und Gelenkigkeit. Deshalb stellen 20 Minuten in einer aufrechten Sitzposition an sich schon eine relativ große Herausforderung dar. Wenn Sie sich nun angesprochen fühlen, müssen Sie nicht mit dem Lotussitz beginnen, Sie können am Anfang durchaus auch einen Stuhl zu

Meditation auf einem Stuhl

Wenn Sie sich für diese Art der Meditation entscheiden, sollten Sie dafür einen Holzstuhl mit gerader Lehne wählen, keinen Bürostuhl, dessen Lehne nachgibt, keinen Sessel und auch kein Sofa. Beim Meditieren den Rücken gerade zu halten fällt Ihnen auf einem Holzstuhl mit Lehne wesentlich leichter als auf etwas Weichem, in das Sie sich sinken lassen könnten. Wenn Sie Probleme damit haben, gerade zu sitzen, versuchen Sie es mit einem kleinen Kissen, das Sie sich unterlegen, damit die Wirbelsäule, insbesondere der Lendenwirbelbereich, eine zusätzliche Stütze bekommt. Drücken Sie beim Sitzen die Rückseite der Oberschenkel und die Sitzknochen sanft in den Stuhl und die Füße sanft in den Boden. Dies öffnet den Brustbereich und verlängert die Wirbelsäule – unsere Grundposition beim Meditieren.

Auch wenn der Stuhl eine Lehne besitzt – lehnen Sie sich nicht daran an. Sie sollten Ihren Rücken möglichst ohne allzu viele Hilfsmittel gerade halten. Mit der Zeit wird Ihnen diese Position immer leichter fallen, bis Sie schließlich zum Lotussitz übergehen können. Um auch den Kopf gerade zu halten, stellen Sie sich vor, ein Stück Schnur sei an der Basis der Wirbelsäule befestigt und führe über den obersten Punkt Ihres Kopfes bis in den Himmel hinein. Ist die Schnur nicht straff gespannt, sollten Sie Ihre Haltung neu ausrichten. Ist sie jedoch straff und haben Sie das Gefühl, Sie hingen an einem Haken vom Himmel, ist es genau richtig. Denn nicht nur Ihr Geist entwickelt sich während der Meditation kontinuierlich weiter, auch Ihre Wirbelsäule wird sich immer mehr aufrichten. Selbst wenn es Ihnen am Anfang schwerfällt, nicht krumm dazusitzen und die Schultern hängen zu lassen, werden Sie sich von Natur aus in eine immer aufrechtere Position bewegen.

Achten Sie auch darauf, dass Ihre Hände locker und nicht zu Fäusten geballt oder anderweitig verkrampft sind. Wenn Sie auf einem Stuhl sitzen, ist es wahrscheinlich angenehmer, die Handflächen auf die Oberschenkel zu legen; wenn Sie den Lotussitz eingenommen haben, ruht meist der Handrücken auf dem Bein, die Handflächen weisen nach oben.

Schließlich sollten auch Ihre Schultern entspannt sein, also weder schlaff herunterhängen noch zu den Ohren hochgezogen werden. Oft halten wir unsere Schultern für entspannt, während sie in Wirklichkeit jedoch angespannt sind. Aus diesem Grund massieren wir Menschen auch instinktiv in diesem Bereich, wenn sie gestresst sind. Lockern Sie Ihre Schultern vor der Meditation deshalb ein wenig: Rollen Sie sie einige Male in beide Richtungen und lassen Sie sie dann langsam sinken.

Hilfe nehmen (siehe Kasten). Die anfängliche Unfähigkeit, den Lotussitz einzunehmen, sollte Sie jedenfalls nicht vom Meditieren abhalten. Wenn es Ihnen gelingt, 20 Minuten *bequem* zu sitzen, sind Sie auf dem richtigen Weg.

Auch wenn Sie sich anfänglich noch sehr steif fühlen, werden Sie sich schon bald zum Lotussitz hingezogen fühlen, da bin ich mir sicher. Vor ein paar Jahren habe ich einem guten Freund das Meditieren beigebracht. Beim ersten gemeinsamen Üben ließ ich ihn im Halben Lotussitz auf meinem Wohnzimmerboden Platz nehmen. Nach fünf Minuten war klar, dass er die Position nicht durchhalten würde, und so stand er auf und setzte sich die restliche Zeit auf einen Stuhl. Das war ihm nach der Meditation ein wenig peinlich, als hätte er etwas »falsch«

gemacht. Doch ich sagte zu ihm:»Nein, das war absolut perfekt! Du musst beim Meditieren bequem sitzen, und wenn du dafür einen Stuhl brauchst – nur zu!«

In den darauffolgenden Jahren meditierte mein Freund weiter – immer auf einem Stuhl. Als Schriftsteller hatte er jahrelang vor dem Computer oder auf dem Sofa gesessen, das Sitzen mit aufrechtem Rücken fühlte sich tatsächlich seltsam für ihn an. All das gekrümmte Sitzen hatte seine Wirbelsäule im wahrsten Sinne des Wortes verbogen und den ganzen Bewegungsapparat ins Ungleichgewicht gebracht. Obwohl das aufrechte Sitzen eigentlich unsere natürliche Sitzhaltung ist – man muss sich nur einmal Kinder ansehen, die im Kindergarten auf dem Boden sitzen –, kann es sich unnatürlich anfühlen und muss dann erst wieder erlernt werden.

Meinem Freund tat die Meditation sehr gut. Schon nach ein paar Tagen fühlte er sich ausgeruhter, ausgeglichener und eins mit sich selbst. Und als Schriftsteller war er besonders begeistert, dass sich seine Kreativität und Konzentration beinahe unmittelbar, nachdem er mit der Meditation begonnen hatte, deutlich verbesserten.

Neulich erzählte er mir jedoch, dass er sich bei dem Gedanken daran, *wie* er bei der Meditation saß, zunehmend unwohl fühlte. Seine Wirbelsäule fühlte sich irgendwie zusammengedrückt an, sein Bauch schien geradezu über dem Gürtel zu hängen. So wollte er fortan nicht mehr sitzen – weder in der Meditation noch sonst – und so beschloss er, es noch einmal mit dem Lotussitz zu versuchen. Wieder fiel er ihm »zu schwer«. Doch dieses Mal wollte er sich um seine mangelnde Beweglichkeit und seine schlechte Haltung kümmern, statt sie zu ignorieren. Er meldete sich zu einem Yogakurs an, um zu lernen, wie man den Körper streckt und müheloser aufrecht sitzt. Er machte im Fitnessstudio nicht nur Kraft-, sondern auch Dehnübungen.

Und siehe da: Nach einigen Monaten konnte er dann im Lotussitz meditieren. Was ihm sogar noch mehr Vorteile brachte.

Das soll natürlich nicht bedeuten, dass die Meditation vorher »umsonst« gewesen wäre oder dass er etwas »falsch« gemacht hatte. Im Gegenteil: Er hatte genau das Richtige getan – auf seinen Körper gehört.

Sein Körper hatte ihm signalisiert, dass ihm das aufrechte Sitzen zunächst zu schwer fiel, und so hatte er ihn nicht gedrängt. Dann hatte sein Körper ihm mitgeteilt, er wolle an sich arbeiten, und wiederum hatte mein Freund auf ihn gehört und damit eine Wandlung herbeigeführt.

Wie auch immer Sie also beim Meditieren sitzen – ob im Lotussitz oder auf einem Stuhl –, Sie haben auf jeden Fall die richtige Wahl getroffen.

IHR MANTRA

Nachdem Sie die für Sie optimale Sitzposition gefunden haben, ist es nun Zeit, sich mit dem Mantra zu beschäftigen. Der Ausdruck »Mantra« stammt aus dem Sanskrit, einer sehr alten indischen Sprache, und ist schon oft und sehr unterschiedlich definiert worden. Mir gefällt die Übersetzung von Deepak Chopra besonders gut: »Man« bedeute denken und »tra« so viel wie Werkzeug. Demnach ist das Mantra ein Werkzeug, das uns hilft, den Lärm in unserem Kopf zu überwinden.

Auf den ersten Blick wird Ihnen Ihr Mantra wie ein Wort vorkommen. Das ist es aber nicht. Das liegt eher daran, dass das Mantra einen *Klang* hat, eine Bedeutung muss es deshalb nicht haben. Ich habe dieses Mantra gewählt, damit Sie sich voll und ganz darauf konzentrieren und in die Stille kommen können. Wenn Sie nämlich bei der Meditation über die Bedeutung Ihres Mantras nachdenken, stellt dies nur eine weitere Ablenkung dar, die Sie von der Stille fernhält.

Ein Beispiel: Bei dem Wort »Elefant« werden Sie unweigerlich jedes Mal, wenn Sie es aussprechen, an ein großes, vierbeiniges Tier mit einem langen Rüssel denken. Selbst wenn Sie Ihrem Geist verbieten, sich die Bedeutung des Wortes bildlich vorzustellen, wird er es dennoch tun. Wenn Sie stattdessen allerdings das chinesische Wort für Elefant wählen, ohne zu wissen, was es bedeutet, würden Sie mit seinem Klang nichts Konkretes assoziieren. Sie könnten es hören, so oft Sie wollten, ohne dabei an einen Elefanten zu denken.

So sollte es auch mit Ihrem Mantra sein. Wenn wir mit Wörtern oder Klängen etwas assoziieren, werden sie statisch. Um aber die Tiefen der Stille in Ihrem Innersten zu erreichen, muss die Beziehung zu Ihrem Mantra fließend und jederzeit frei sein.

Unser Mantra ist ein sogenanntes Massenmantra. Ich habe es von einem Meister gelernt, der mir erklärte, es eigne sich – vor allem aufgrund seiner sanften Wirkung auf das Nervensystem – für eine große Bandbreite an Menschen. Das Mantra wird seit Tausenden von Jahren benutzt; mit ihm tauchen Sie demnach in die kollektive Erfahrung von wahrscheinlich Millionen von Menschen ein.

Und so lautet das Mantra: ram.

Wenn Sie das Wort lesen, weckt es möglicherweise Assoziationen in Ihnen.

Doch was auch immer Sie mit dem Wort »ram« assoziieren – lassen Sie diese Assoziationen ziehen. Versuchen Sie, das Wort gar nicht mehr als Wort zu betrachten. Betrachten Sie es als Schwingung. Worte sind statisch, Schwingungen sind beweglich und frei.

Und es ist das Ziel der Meditation, frei zu sein.

Begeben Sie sich nun in die von Ihnen gewählte Sitzposition und sprechen Sie das Mantra laut aus:

Ram.

Gut. Wiederholen Sie es nun, dieses Mal sehr laut.

RAM.

Wiederholen Sie es nun leise mehrmals hintereinander: ram ram ram.

Atmen Sie tief ein und sprechen Sie das Mantra einmal so lange aus, bis Ihnen der Atem ausgeht. Lassen Sie es so lange wie möglich schwingen.

Raaaaaaaaaaaaaaaaaaaam.

Sprechen Sie es nun mit verschiedenen Betonungen aus.

Rammmmm.

Raaaaaaaam.

RAmm.

RaMMM.

Allmählich dürfte Ihnen das Wort albern oder komisch vorkommen – es hat seine mögliche Bedeutung verloren, die Assoziationen sind verschwunden. Gut! Schließen Sie nun sanft die Augen. Suchen Sie sich die für Sie angenehmste Version des Mantras aus und wiederholen Sie diese noch einmal, allerdings nicht laut, sondern im Geiste.

Ihre Meditation hat begonnen.

SO GEHEN SIE MIT ABLENKUNGEN UM

Sich während Ihrer Meditation einzig auf das Mantra ram zu konzentrieren stellt sich möglicherweise schwieriger heraus, als Sie denken. Vielleicht werden Sie körperlich abgelenkt. Vielleicht juckt Ihr Arm. Am Anfang ist es nur ein vages Gefühl, doch wenn Sie sich nicht kratzen, wird es immer lauter und lauter. Sie versuchen, sich weiterhin auf Ihr Mantra zu konzentrieren, aber Ihre Gedanken wandern immer wieder zu Ihrem juckenden Arm.

Manche Meditationsschulen lehren, das Jucken zu ignorieren. Es aus dem Geist auszublenden, indem Sie sich noch stärker auf Ihr Mantra oder Ihren Atem konzentrieren.

Ich jedoch bin der Meinung: Wenn es Sie juckt, sollten Sie sich kratzen.

Meiner Erfahrung nach – und einige meiner Lehrer würden mir da zustimmen – ist die Ablenkung, die der Versuch, das Jucken zu ignorieren, erzeugt, größer als die, die entsteht, wenn Sie sich schnell kratzen und dann nicht mehr daran denken. Denn während Ihr Mantra Sie immer tiefer in den Frieden Ihres Herzens eintauchen lässt, interessieren die Ablenkungen Sie immer weniger. Irgendwann wird es Ihnen dann egal sein, ob Sie gerade von einer Mücke gestochen werden, Ihr Telefon hektisch klingelt oder der Pizzabote direkt vor dem Fenster parkt. Mit der zunehmenden Fähigkeit, Ihre Gedanken ziehen zu lassen, scheint allein die Vorstellung, sich an einer juckenden Stelle zu kratzen oder sich über ein Geräusch aufzuregen, ein viel zu großer Aufwand an Energie.

Und warum werden Sie sich von der Stille mehr angezogen fühlen als von den Ablenkungen? Weil Ihr Geist von Natur aus dazu neigt, sich am friedlichsten, erholsamsten Ort, den er finden kann, aufzuhalten. Ebenso wie Wasser, das immer flussabwärts fließt, will auch Ihr Geist immer an einen möglichst ruhigen Ort fließen. Das mag Ihnen zunächst nicht so vorkommen – wahrscheinlich haben Sie eher das Gefühl, Ihr Geist sei immer da, wo es laut und hektisch ist –, stimmt aber. Und die Meditation wird es Ihnen bewusst machen.

Wenn Sie auch nur eines aus der Meditation lernen, dann bitte das: Frieden und Ruhe sind Ihr ureigenster natürlicher Zustand. Wenn Sie sich auf die Ablenkungen des Lebens konzentrieren, zwingen Sie das Wasser gleichsam stromaufwärts. Und genau deswegen scheint uns das Leben manchmal so *mühsam*. Die Meditation befreit Sie von diesen Ablenkungen und lässt das Wasser wieder seinen natürlichen Lauf nehmen – weg vom Lärm und den Ablenkungen zurück zu Ihrem Herzen.

IHRE GEDANKEN

Die größten Ablenkungen, die Ihnen während Ihrer Meditation begegnen werden, sind wahrscheinlich keine körperlichen wie ein Jucken oder ein Geräusch, sondern Ihre eigenen Gedanken.

Denn zunächst scheucht die Wiederholung Ihres Mantras Ihre Gedanken auf, vor allem dann, wenn Sie gerade erst zu meditieren begonnen haben. Und warum? Sie sind eifersüchtig! Sie haben richtig gelesen: Ihre Gedanken sind eifersüchtig auf Ihr Mantra. Und das können wir ihnen noch nicht einmal übel nehmen. Schließlich durften sie in Ihrem Kopf jahrelang zügellos schalten und walten. Sie kamen und gingen, wie es ihnen gerade passte, und durften herumlärmen, manchmal sogar zu nachtschlafender Zeit. Sie waren voll und ganz Herr im Haus.

Und jetzt plötzlich kommt da so ein Mantra daher und dringt ohne Erlaubnis in ihr Revier ein. Und dann wird es auch noch frech! Nicht aggressiv oder auf Konfrontation aus, aber ungeheuer penetrant in seiner stetigen, sanften Wiederholung. Raaam. Raaam. Raaam. Raaam. Raaam. Da verwundert es kaum, dass Ihre Gedanken beleidigt sind und noch mehr Lärm machen als sonst.

Sollten Sie je an Schlaflosigkeit gelitten haben, kennen Sie das Gefühl. Sie liegen da, hellwach, mitten in der Nacht, und es scheint Ihnen absolut unmöglich, das Gedankenkarussell anzuhalten. Wieder einzuschlafen wäre zweifelsohne das Beste für alle, aber Ihre störrischen Gedanken sind da echte Spielverderber. Sie scheinen sogar *Spaß* daran zu haben, Sie wachzuhalten. Es ist vier Uhr morgens, und Sie wissen genau, dass Sie morgen bei der Arbeit eine Katastrophe sein werden, wenn Sie nicht augenblicklich einschlafen, aber das ist Ihren Gedanken egal. Sie kommen in Wellen und erinnern Sie an alles Mögliche, von trivialen Alltagsdingen bis hin zu großen emotionalen

Angelegenheiten hinsichtlich Ihrer Beziehungen und des Lebens im Allgemeinen.

So ähnlich müssen Sie sich das auch bei der Meditation vorstellen. Ebenso wie die Gedanken eines Schlaflosen »zurückschlagen«, wenn er versucht einzuschlafen, reagieren auch Ihre Gedanken zunächst ausgesprochen sauer auf das Mantra. Sie sagen im Geiste ruuuum, da taucht auch schon der Gedanke an eine Mail, die Sie versehentlich nicht beantwortet haben, auf. Und der Gedanke kann ganz schön aggressiv sein und sehr laut um Ihre Aufmerksamkeit kämpfen.

Doch was immer Sie nun auch tun: Versuchen Sie nicht, den Gedanken Ihrerseits zu bekämpfen. Kneifen Sie nicht die Augen zu, um sich noch stärker auf Ihr Mantra zu konzentrieren. Denken Sie schon gar nicht an die Mail, bis Ihnen plötzlich bewusst wird, dass Sie darüber Ihr Mantra ja völlig vergessen haben. Denn dann denken Sie vielleicht auch, dass es heute einfach »keinen Zweck« hat und Sie es eher morgen noch einmal mit der Meditation probieren sollten. Wie lange der Gedanke an diese Mail Sie auch beschäftigen mag: Wenn Ihnen bewusst wird, dass Sie nur noch daran denken, lassen Sie den Gedanken ziehen und rücken Sie das Mantra sanft wieder in den Vordergrund Ihrer Konzentration.

Gehen Sie so mit allen Gedanken um, die Ihnen während der Meditation in den Sinn kommen. Betrachten Sie sie einen Augenblick lang und kehren Sie dann zu Ihrem Mantra zurück. Das geschieht vielleicht fünfmal oder zehnmal oder vielleicht auch die gesamten 20 Minuten über. Doch welchen Lärm Ihre Gedanken auch machen, kehren Sie im Geiste *immer* zu Ihrer Meditation zurück.

Um das noch besser zu verdeutlichen, verwende ich gern das Bild vom Käfig – Ihr Geist – und dem Affen – Ihre Gedanken. Wenn Sie sich das erste Mal hinsetzen und die Augen schließen, wird der Affe auf jeden Fall Theater machen. Er wird herumspringen, verrückte Affenlaute von sich geben, Sie vielleicht sogar mit irgendetwas bewerfen. Aber das tun Affen nun einmal.

Doch wenn Sie gar nicht weiter auf ihn eingehen, wird er über kurz oder lang das Interesse verlieren. Er wird selbst zur Ruhe kommen. Das kann eine Weile dauern, aber am Ende wird Ihr Mantra den Affen immer zähmen.

Die Ablenkungen können so laut sein, wie sie wollen, wenn Sie bei Ihrem Mantra bleiben, werden Sie sie schließlich nicht mehr hören.

Zu diesem Thema noch ein letztes Bild. Haben Sie schon einmal in einem Zimmer übernachtet, in dem einer dieser altmodischen Wecker stand? Bei dem man jedes einzelne Ticktack laut und deutlich hört? Falls ja, wissen Sie, dass sich das Geräusch neben Ihrem Kopf bei dem Versuch einzuschlafen zunächst *extrem* laut anhört. Möglicherweise glauben Sie sogar, gar nicht einschlafen zu können und möchten den Wecker am liebsten aus dem Fenster schmeißen.

Doch nachdem Sie einige Minuten auf diese Weise abgelenkt wurden, kommen Ihre Gedanken allmählich zur Ruhe und das Geräusch scheint leiser zu werden. Schon bald darauf nehmen Sie es gar nicht mehr wahr und gleiten sanft in den Schlaf.

Natürlich ist das Geräusch immer noch da. Es ist beim tatsächlichen Einschlafen immer noch so laut wie vorher. Es *schien* Ihnen nur leiser zu werden, als Sie allmählich zur Ruhe kamen.

Und so ist es auch mit Ihren Gedanken bei der Meditation. Sie sind immer da – es sei denn, Sie hätten eine sehr hohe Stufe der Erleuchtung erreicht. Doch je friedlicher und ruhiger Sie werden, desto weniger werden Sie sie bemerken. Ebenso wie Sie kommen auch Ihre Gedanken zur Ruhe und drängen sich immer weniger auf.

Lassen Sie sich von gelegentlich immer noch auftauchenden Gedanken nicht frustrieren oder gar aus der Fassung bringen. Werden sie zu laut, ersetzen Sie sie sanft durch Ihr Mantra. Wenn Ihnen das mühelos gelingt, machen Sie es »richtig«. Und selbst wenn es Ihnen nicht gelingt, zu Ihrem Mantra zurückzukehren, so kommen Ihre Gedanken doch allmählich zur Ruhe, womit sich auch Ihr Nervensystem beruhigen kann, was extrem förderlich für unser körperliches Wohlbefinden ist. Das Einzige, das Sie während der Meditation »falsch« machen können, ist, das, was Sie erleben, zu bekämpfen oder zu korrigieren.

BESTAND AUFNEHMEN

Während Ihre Gedanken allmählich zur Ruhe kommen, erleben Sie das erste Stadium der Meditation, das auch als leiseres Denken bezeichnet wird. Ich nenne es gern die Phase der Bestandsaufnahme. In diesem Stadium tauchen mögliche Gedanken so langsam und gemächlich auf, dass Sie sie von einem zuvor nicht gekannten Standpunkt betrachten können. Als hätten Sie Ihren Blick vom Schmutz des Alltags befreit und könnten Ihre Gedanken und Ideen nun klar und deutlich sehen. In diesem Stadium kommen uns unsere kreativsten Ideen und Impulse.

Als Russell Brand von seiner Millionen-Dollar-Idee bei der Meditation sprach, kam sie ihm bestimmt in dieser Phase der Bestandsaufnahme. In ihr hatte auch ich meine kreativsten Eingebungen, insbesondere die, die meine Film- und Fernsehgesellschaft betrafen. Wenn ich auf diese Weise Bestand aufnehme, tauchen zwar immer noch Gedanken auf, die ich nun allerdings aus der Distanz betrachte. Und möglich gemacht hat diese Distanz das Verschwinden meines Egos aus meinem Geist.

Mit Ego meine ich nicht die Art von Selbstbewusstsein oder Großspurigkeit, die heute gemeinhin damit assoziiert wird, sondern unser *falsches* Selbst. Den Teil unseres Geistes, dem die unnötige Angst, die Gier, Wertungen und Urteile, geistige Unbeweglichkeit, Wut, Zorn und Feindseligkeit entstammen. Den Teil unseres Geistes, der uns fälschlicherweise einflüstert, dass wir auf eine bestimmte Art handeln und sogar denken müssten, um den Erwartungen zu entsprechen. Deshalb übersetzt mein Bruder Reverend Run Ego auch mit »Edging God Out« – Gott verdrängen. Wer es den Ängsten, Sorgen, Begierden und der Gier gestattet, sich in seinem Kopf breitzumachen, verdrängt sein wahres Selbst.

Beim ständigen Wiederholen des Mantras löst sich dieses Ego allmählich auf. Der ganze Mist, der sich in Ihrem Kopf angesammelt hat, verschwindet, nur die guten Gedanken bleiben übrig. Die reinen Gedanken. Die Gedanken, die widerspiegeln, wie Sie *wirklich* über Ihr Leben denken, nicht, wie Sie denken sollten; die Gedanken, die Ihnen Vertrauen in die Vollkommenheit der Welt schenken. Sie weisen Ihnen den Weg zur richtigen Entscheidung bezüglich Ihres Jobs, Ihrer Ehe, Ihrer Kinder – bezüglich der Welt.

Sie sind die »Perlen der richtigen Lösungen«, von denen ich gesprochen habe. Und die Phase der Bestandsaufnahme ist die Zeit, in der Sie sie finden werden.

Nehmen Sie sich Zeit für diese Phase und seien Sie nicht frustriert, weil »immer noch« Gedanken auftauchen, obwohl Sie Ihr Mantra wiederholen. Sehen Sie sich die Gedanken an. Nicht jeder von ihnen verhilft Ihnen zu einer Million Dollar oder zu einer wichtigen Entscheidung in Ihrem Leben, doch je mehr Zeit Sie mit der Bestandsaufnahme verbringen, desto vertrauter werden Sie mit Ihrem wahren Ich. Mit dem Ich, das ohne Neid, Zorn, Gier und Hass durchs Leben geht, sondern stattdessen sein volles Potenzial entfaltet.

In dieser Phase nehmen Sie auch körperlich Bestand auf. Wenn Sie beispielsweise eine schlechte Sitzhaltung haben, wird Ihnen dies in diesem Stadium der Meditation bewusst. Es wird Ihnen bewusst, dass Sie vielleicht ein wenig zugenommen haben. Und auch chronische Verspannungen in Rücken, Schultern und Nacken sowie Schmerzen an anderen Stellen im Körper werden Ihnen bewusst.

Natürlich wussten Sie auch vorher schon, dass Sie krumm sitzen oder ein paar überflüssige Pfunde auf den Hüften haben. Sie haben sich bislang nur nicht darum gekümmert. Oder falls doch, dann nur sehr zerstreut oder durch die Brille der Sorge, des Frusts oder der Traurigkeit. Aus diesem Grund sehen viele Menschen auch in den Spiegel, stellen fest, dass sie zugenommen haben und denken: »Ich hasse es, wie ich aussehe« oder »Ich sehe scheußlich aus«. Wer so etwas von sich selbst denkt, hat zu viel Angst und Traurigkeit im Kopf.

Wenn man jedoch meditiert, wird man in der Stille wirklich auf den eigenen Körper hören; dann kann man sich von den Wahrheiten auch nicht mehr abwenden. Doch statt sich traurig und gestresst zu fühlen, sieht man sich in einem klaren Licht und denkt nun vielleicht: »Ich bin ein wenig füllig geworden. Ich muss wieder mehr auf meine Ernährung achten.« Und *tut* das dann auch! Wer meditiert, kann sich in Sekundenschnelle ändern. Wer keine Angst mehr hat, geht nicht zögerlich auf sein neues Ich zu, sondern ohne Umwege. Je besser Sie Ihr wahres Ich kennenlernen, desto mehr wollen Sie es zum Positiven verändern.

REINES BEWUSSTSEIN

Nach einigen Minuten, in denen Sie bezüglich Ihrer Gedanken und Ihrer körperlichen Empfindungen Bestand aufgenommen haben, gehen Sie in das nächste Stadium der Meditation über, das ich gern als reines Bewusstsein bezeichne. In dieser Phase legen sich die Gedanken, und Ihr Mantra ermöglicht Ihnen den Zugang zu der grenzenlosen Stille in Ihrem Inneren.

Mein Lehrer Bob Roth beschreibt den Zustand des reinen Bewusstseins folgendermaßen: Stellen Sie sich Ihren Geist als Ozean vor. Die Meeresoberfläche ist rau, überall türmen sich Wellen auf. So sieht Ihr Geist aus, wenn er abgelenkt ist. Doch am Grund des Ozeans ist es sehr still und ruhig. Dies ist der Geist im Zustand des reinen Bewusstseins. Warum ist es so wichtig, Zeit dort unten zu verbringen? Das hat mein Freund David Lynch erläutert: »Ideen sind wie Fische. Wer nur auf kleine Fische aus ist, kann im seichten Wasser bleiben. Wer aber die großen Fische fangen möchte, muss sich tiefer ins Wasser begeben. Dort unten sind die Fische viel kraftvoller und reiner. Riesig und abstrakt. Und wunderschön.«

Dieses Stadium ist jedoch nicht nur die Phase, in der Sie die »großen Fische« Ihres Geistes fangen, hier findet auch die körperliche Heilung mittels Meditation statt.

Im Zustand des Tiefenbewusstseins lässt der Druck durch Belastung und Stress, den Ihre Gedanken auf Ihr Nervensystem ausgeübt haben, nach. Während Sie zur Ruhe kommen, können sich die verschiedenen Teile Ihres Gehirns endlich wieder miteinander vernetzen, und die Amygdala hat ihren Frieden.

Mit dem Stress reduziert sich auch der Blutdruck. Die Senkung des Blutdrucks und die Entlastung des Nervensystems sind die wohl größten gesundheitlichen Vorteile, die die Meditation mit sich bringt.

Einschlafen

Manche Menschen schlafen während der Meditation ein. Falls Ihnen das auch schon passiert ist, müssen Sie sich darüber keine Gedanken machen oder deswegen frustriert sein. Wenn Sie müde sind, weil Sie nicht genug Schlaf abbekommen haben, ist es nicht ungewöhnlich, dass sich der Körper auf diese Weise sein Recht nimmt.

Auch hier gilt, wie generell bei der Meditation: Kämpfen Sie nicht gegen das Schlafbedürfnis an. Sollten Sie schläfrig werden, können Sie ruhig ein wenig wegdämmern. Und wenn Sie dann wieder aufwachen, kehren Sie zu Ihrem Mantra zurück.

Wenn Sie regelmäßig üben, wird das Schlafbedürfnis während der Meditation mit der Zeit nachlassen.

NACH DER MEDITATION

Das war sie nun, Ihre erste Meditationssitzung, in der Sie zunächst Ihre Gedanken zur Ruhe haben kommen lassen und in der Sie dann immer mehr in einen Zustand des reinen Bewusstseins gesunken sind. Ihre Augen sind geschlossen, Ihr Mantra hat Sie tief in den Ozean der Stille in Ihrem Inneren geführt. Vielleicht haben Sie ja sogar einen großen Fisch gefangen!

Doch wie wissen Sie, dass Ihre 20 Minuten um sind?

Am einfachsten ist es, wenn Sie sich den Wecker auf Ihrem Smartphone auf 20 Minuten stellen – aber bitte mit einem sanften und leisen Klingelton! Denn beim Meditieren nehmen wir Geräusche häufig viel lauter wahr. Wenn ich mich bei der Meditation räuspern oder auch einfach nur schlucken muss, hört sich das manchmal an, als hätte irgendwo eine Bombe eingeschlagen! Dann klingen kleine Geräusche, die wir im Alltag normalerweise gar nicht wahrnehmen würden, auf einmal, als kämen sie aus einem Kinolautsprecher.

Wenn ein zu lauter, schriller Klingelton Sie wieder in den Alltag zurückführt, erschrecken Sie sich nicht nur, er kann auch die Wirkung der Meditation nach der Sitzung negativ beeinflussen.

Ist Ihre Sitzung um, sollte der Übergang von der Meditation zur Welt um Sie herum so sanft wie möglich erfolgen. Wenn Sie zusammenzucken und die Augen aufreißen, geht Ihnen ein Großteil der Ruhe verloren, die Sie beim Meditieren erfahren haben.

Stellen Sie sich das wie einen Kaltstart Ihres Autos an einem frostigen Morgen vor – es geht nicht. Sie müssen dem Motor etwas Zeit geben, damit er sich aufwärmen und an die Außenbedingungen anpassen kann. Dasselbe gilt für Ihren Geist nach der Meditation. Klingelt das Smartphone, sollten Sie nicht gleich die Augen öffnen, das Smartphone in die Hand nehmen und sich sofort wieder Ihren »Verpflichtungen« wie Mails und dergleichen zuwenden. Geben Sie Ihrem Geist ein wenig Zeit, damit er gemächlich aus dem Ozean der Stille auftauchen und in die Welt zurückkehren kann.

Ich erinnere mich an eine Szene in *Seinfeld,* in der Jerry Elaine sagt, sie solle den Motor seines Wagens vor dem Losfahren eine Minute laufen lassen, und George hinzufügt:»Eine echt harte Minute. Wie in der Dusche die Pflegespülung einwirken zu lassen.« Die Minute »Aufwärmen« nach der Meditation kann zunächst ebenso hart sein, doch geben Sie der Versuchung, sich gleich wieder in den Alltag zu stürzen, trotzdem nicht nach. Sie müssen dabei nicht unbedingt Ihr Mantra wiederholen, aber halten Sie zumindest die Augen noch geschlossen. Lauschen Sie auf Ihren Atem und saugen Sie den gerade erlebten Frieden in sich auf, damit er Ihnen für den Rest des Tages erhalten bleibt.

Der folgende Rat mag überflüssig sein, doch vergessen Sie trotzdem nicht, bei Ihrem Smartphone *nur* die Weckfunktion einzuschalten. Sie wollen während der Meditation weder angerufen werden noch Mails oder sonstige Nachrichten bekommen – genau wie im Kino oder während eines Konzerts oder Vortrags. Sollte das problematisch für Sie sein, schalten Sie Ihr Smartphone am besten ganz ab. Sie können als Wecker natürlich auch jede andere Uhr mit Alarmfunktion verwenden, sei es eine (nicht zu laute) Eieruhr oder eine Stoppuhr zum Laufen oder für einen anderen Sport.

Ein »Weckruf« empfiehlt sich meiner Meinung nach besonders für Anfänger, weil diese sich von dem Gedanken daran, ob die 20 Minuten wohl schon um sind oder nicht, nur allzu leicht ablenken lassen.

Wenn Sie während der Meditation unbequem sitzen, mit Ablenkungen zu kämpfen haben oder gar beides, scheint sich die Zeit unendlich zu dehnen. Dann fragen Sie sich vielleicht: »Sind denn die 20 Minuten immer noch nicht rum? Ich sitze hier doch nun schon eine Ewigkeit!« Und bevor Sie es sich versehen, konzentrieren Sie sich nicht mehr auf Ihr Mantra, sondern öffnen ständig die Augen und sehen auf die Uhr. Was natürlich verhindert, dass Sie in den Zustand des reinen Bewusstseins gelangen.

Wenn Sie den Wecker Ihres Smartphones stellen, müssen Sie nicht mehr ständig auf die Uhr sehen. Selbst wenn sich die Meditation länger als 20 Minuten anfühlt, können Sie diesen Gedanken einfach akzeptieren und ihn dann ziehen lassen und weitermachen. Da einer der Hauptvorteile der Meditation darin besteht, Stress zu reduzieren, wäre der Stress, darüber

So lange Sie wollen

Ich werde oft gefragt, ob es in Ordnung sei, auch länger als 20 Minuten zu meditieren. Und die Antwort lautet: Natürlich! Wenn das Smartphone klingelt, Sie die Meditation aber so sehr genießen, dass Sie sie noch nicht beenden wollen, dann machen Sie weiter. Bei den 20 Minuten handelt es sich lediglich um die empfohlene Mindestlänge. Wenn Sie noch 10 oder 15 Minuten weiter meditieren wollen, dann nur zu! Schalten Sie den Weckruf aus und versenken Sie sich wieder.

nachzudenken, ob Sie »lange genug« meditiert haben, ausgesprochen kontraproduktiv.

Machen Sie sich nach der Meditation auch bewusst, dass Ihnen die Stille auf jeden Fall gutgetan hat – wie lange auch immer Sie sich in sie versenken konnten. Sie profitieren davon nicht nur am Tag der Meditation, sondern Ihr gesamtes weiteres Leben lang. Erkennen Sie an, was Sie da geleistet haben, und seien Sie dankbar dafür.

Machen Sie sich bewusst, wie entspannt und zufrieden Sie sich fühlen, und sonnen Sie sich noch etwas länger in diesem Gefühl. Dafür müssen Sie nicht bis 60 zählen oder den Wecker noch einmal auf eine Minute stellen. Baden Sie so lange in dem Frieden, bis Sie bereit sind, in die Welt da draußen zurückzukehren.

Öffnen Sie dann die Augen.

SO WERDEN SIE SICH FÜHLEN

Wenn Sie dann schließlich die Augen öffnen und in die Welt zurückkehren, werden Sie umgehend einen Unterschied bemerken. Sie werden sich nicht jedes Mal gleich fühlen, weil jede Meditation anders ist. Aber Sie werden sich nach der Meditation *immer* besser fühlen als vorher.

Wenn Sie beispielsweise eine verstopfte Nase hatten, werden Ihre Nasenschleimhäute schon wenige Minuten nach Beginn der Meditation abschwellen. Wenn Sie Kopfschmerzen hatten, werden wahrscheinlich auch die verschwunden sein. Wenn Sie sich angesichts des vor Ihnen liegenden Tages gestresst gefühlt hatten, wird dieser Stress mit Sicherheit nach 20 Minuten Meditation erheblich nachgelassen haben. Das alles liegt daran, dass die Meditation Ihrem Nervensystem die Chance gibt, sich zu beruhigen. Denn unser Nervensystem macht immer Überstunden, sogar wenn wir schlafen. Kann es sich während der Meditation ausruhen, werden Sie über die Selbstheilungskräfte Ihres Körpers staunen.

Das Abschwellen der Nasenschleimhäute und das Nachlassen von Kopfschmerzen sind nur zwei der Wirkungen der Meditation, die ich als normal bezeichne. An anderen Tagen wird Ihnen beim Öffnen der Augen das Zimmer, in dem Sie sitzen, vielleicht heller und freundlicher vorkommen als vorher. Die Farben werden Ihnen viel lebhafter erscheinen. Sie hören die Vögel vor dem Fenster zwitschern und freuen sich über ihre wunderschönen Melodien.

Vielleicht sind Sie auch ein wenig albern und haben Lust einfach drauf los zu lachen. Ich für meinen Teil fange nach der Meditation oft an zu kichern – einfach weil ich das Leben plötzlich viel mehr wertschätze. Das mag sich für einen Hip-Hop-Brotha zunächst etwas komisch anhören, doch häufig laufen mir nach dem Meditieren sogar Freudentränen übers Gesicht.

200

Wenn Sie sich dann irgendwann den ganzen Tag lang so vital und energiegeladen fühlen wie nach der Meditation, sind Sie in einen Zustand geraten, den ich gern wandelnde Meditation nenne. In diesem Zustand dehnen Sie das Gefühl der Stille über die Meditation hinaus auf Ihren Alltag aus. Es hält vielleicht nur eine oder zwei Stunden an, ist aber trotzdem eine großartige Erfahrung. Wenn Sie eine Ahnung davon bekommen, wie Sie sich Ihr ganzes Leben lang fühlen könnten, werden Sie sicher noch eifriger üben wollen.

Denn das Gefühl stellt sich natürlich noch nicht nach nur einer oder zwei Sitzungen ein. Um in den Zustand der wandelnden Meditation zu gelangen, müssen Sie die Meditation zu einem Bestandteil Ihres Lebens machen. Vertrauen Sie für den Augenblick einfach darauf, dass sich der Zustand immer regelmäßiger einstellen wird, je mehr Sie üben. Schließlich wird dieser Zustand der Verbundenheit dann Ihr normaler Zustand sein. Der berühmte Guru Maharishi Mahesh Yogi, Meditationslehrer der Beatles und Gründer der Transzendentalen Meditation, beschrieb den Vorgang der Zeitschrift *Science of Mind* gegenüber einmal folgendermaßen:

Sie müssen sich das so vorstellen: Sie nehmen ein weißes Tuch und tauchen es in gelbe Farbe. Wenn Sie das Tuch anschließend zum Trocknen in die Sonne legen, bleicht es aus, das Gelb verschwindet allmählich. Sie wiederholen diesen Vorgang wieder und wieder: Farbe, Sonne, Farbe, Sonne, immer so fort. In der Farbe wird das Tuch gelb, in der Sonne bleicht die Farbe aus. Doch mit der Zeit bleibt die Farbe. So geht es auch Ihrem Geist, wenn Sie regelmäßig üben. Die uneingeschränkte Wahrnehmung, das reine Bewusstsein, das Feld aller Naturgesetze – dies alles wird ein ganz selbstverständlicher Teil aller Tätigkeiten des Geistes.

Wir alle besitzen die Fähigkeit, unser weißes Tuch mit der Zeit gelb werden zu lassen. Das mag am Anfang zwar anstrengend sein, doch wenn Sie Geduld haben, wird die Veränderung in Ihnen schließlich von Dauer sein. Mit der Zeit wird der Lärm der Welt abklingen, und Sie werden Ihr höheres Selbst immer hören können. Statt nur ein flüchtiger Moment zu sein, wird die uneingeschränkte Wahrnehmung zu einem Teil Ihres Geistes. Deshalb ist es so wichtig, *jeden Tag* zu meditieren. Anhaltendes Glück kann nur aus stetigem Bemühen heraus erwachsen. Von einer Liegestütze kriegen Sie keinen Hammer-Bizeps. Von einer ausgelassenen Mahlzeit kriegen Sie keine Traumfigur. Und von einmal 20 Minuten Stille werden sicherlich auch nicht die Bürden der Welt von Ihren Schultern abfallen. Um im Leben wirklich und dauerhaft glücklich zu werden, müssen Sie sich der Meditation von ganzem Herzen widmen.

GEDULD – DER SCHLÜSSEL ZUM ERFOLG

Der letzte Rat, den ich Ihnen hinsichtlich der Meditation geben möchte, ist ganz schlicht:

Haben Sie Geduld!

Es sei noch einmal betont: Jeder, wirklich jeder besitzt die Fähigkeit, das Glück zu erfahren, das aus der Stille erwächst. Sie müssen nur Geduld haben und regelmäßig üben. Deepak Chopra hat immer zu mir gesagt: »Russell, das wichtigste Werkzeug eines jeden, der meditiert, ist die Geduld.«

Als ich mit dem Schreiben dieses Buchs begann, passierte etwas Komisches. Ich saß gerade im Flugzeug und arbeitete an einem der Kapitel, als sich jemand auf den Platz mir gegenüber setzte. Ich war so auf das Schreiben konzentriert, dass ich nicht aufsah, doch ein paar Augenblicke später spürte ich ein sanftes Tippen auf meinem Arm. Ich sah auf – und mir gegenüber saß niemand anderes als Deepak!

Ich erzählte ihm, woran ich arbeitete. Lächelnd entgegnete er: »Russell, schreib deinen Lesern bitte auch, dass Früchte zwar eine Zeit lang brauchen, um zu reifen, dass sie schließlich aber doch alle vom Baum fallen.«
Darüber musste ich schmunzeln. Was für eine wundervolle Art, die Wichtigkeit des regelmäßigen Übens auszudrücken! Genau wie Früchte brauchen auch Menschen Zeit, um zu reifen. Hin und wieder muss ich mich selbst an diese Wahrheit erinnern. Denn glauben Sie mir: Auch bei mir gibt es Tage, an denen ich mich morgens in meine Meditationshaltung begebe und es scheint, als wehre sich der Geist gegen jede einzelne Bewegung dorthin.

Dann erinnere ich meinen Geist *sanft* daran, wer der Boss ist. Ich denke: »Brotha, du kannst so viel Krach schlagen, wie du willst. Du wirst die nächsten 20 Minuten trotzdem gemeinsam mit mir in Stille verbringen.« Wenn mein Geist das hört, sieht er ein, dass er mich nicht zum Aufstehen und Aufgeben überreden kann, und beruhigt sich normalerweise relativ schnell.

Geben Sie Ihrem Geist Zeit, sich zu beruhigen. Sie wollen ihn vielleicht zur Eile zwingen, doch waren Zwang und Eile möglicherweise die größten Probleme, die Ihnen bislang so viel Stress bereitet haben. Nehmen Sie sich also Zeit und denken Sie immer daran, dass der Weg zum Leben im Hier und Jetzt kein Wettlauf ist. Ich helfe Ihnen nur dabei, Ihre Reise zu dem Ort, an dem Sie sein sollten, zu beginnen. Und dann sind Sie dran: Haben Sie Vertrauen. Wenn Sie dem Pfad folgen, den ich Ihnen vorgezeichnet habe, werden Sie sehr bald die kostbaren Juwelen finden, die in Ihrem eigenen Geist auf Sie warten.

LESEN SIE WEITER

Es ist wunderbar, wenn Sie sich für die Meditation öffnen. Welchen Weg Sie dafür wählen, bleibt Ihnen überlassen. Wenn dieses Buch Ihnen dabei geholfen hat – und ich weiß, dass es das kann –, Ihr Leben positiv zu verändern, ist es vielleicht alles, was Sie zum Thema Meditation brauchen. Wenn Sie jedoch mehr erfahren möchten, kann ich Ihnen nur empfehlen, sich auch anderweitig umzusehen.

Sehr informativ ist beispielsweise die Webseite de.tm.org. Dort erfahren Sie viel Wissenswertes über die Methode und finden auch einen Lehrer, wenn Sie einen möchten. Für Neuankömmlinge erhebt die Organisation zwar eine Gebühr, doch zeigt sie sich hinsichtlich der persönlichen finanziellen Umstände der Interessenten auch sehr kulant. Bob Roth sagte mir einmal, er habe noch nie jemanden abgewiesen, nur weil dieser es sich nicht leisten konnte, die Transzendentale Meditation zu erlernen.

Ebenfalls empfehlenswert ist die Seite www.davidlynch-foundation.org, wo Sie mehr über die Arbeit der Stiftung beispielsweise mit jungen Menschen, Veteranen und amerikanischen Ureinwohnern erfahren können.

Was Bücher betrifft, so möchte ich Ihnen zwei alte Schriften besonders ans Herz legen: das *Yogasutra* des Patanjali und die *Bhagavad Gita*. Sie sind am Anfang zwar keine leichte Kost, gewähren aber unglaublichen Einblick in den Zustand der Glückseligkeit, zu dem die Meditation führt. Dasselbe gilt auch für Yoganandas *Autobiographie eines Yogi*. Ich halte es für eines der wichtigsten Bücher, die je über Meditation und Spiritualität geschrieben wurden. Es dürfte vor allem für diejenigen interessant sein, die die yogische und christliche Tradition miteinander verbinden wollen.

Auch zwei Bücher von Eckhart Tolle, *Jetzt! Die Kraft der Gegenwart* und *Eine neue Erde: Bewusstseinssprung anstelle von Selbstzerstörung,* möchte ich empfehlen. Sie beschreiben die Kraft der Gegenwart viel einfacher und eloquenter, als ich es je könnte. Die Bücher haben mir die Augen geöffnet und mir gezeigt, dass gegenwärtig zu sein unser einziges Ziel auf Erden ist.

Sehr zum Verständnis der Verbindung zwischen Körper und Geist trägt *Die sieben geistigen Gesetze des Erfolgs* meines Freundes Deepak Chopra bei.

Und schließlich möchte ich Ihnen auch zwei weitere Bücher von mir empfehlen: *Do You!* und *Super Rich.* In beiden geht es darum, dass wir selbst es in der Hand haben, im Leben erfolgreich und wirklich glücklich zu sein.

DANKSAGUNG

Viele Menschen haben mir auf meinem Pfad zur Stille den Weg gewiesen, doch zwei großen Vorbildern möchte ich besonders danken: Deepak Chopra und meinem »Komplizen« Bob Roth, auch bekannt als Der Mönch.